라벤더 포인트
LAVENDER POINT

탁, 불이 붙는 마케팅 발화점
라벤더 포인트

권오정 · 김현주 지음

이씨책방

'마케팅하는 사람'이란 업을 한 지 27년이 되어가지만 마케팅은 늘 쉽지 않았다. '이 정도면 괜찮지 않을까?'라고 안도하는 순간 뒤통수를 치는 것이 마케팅이니까. 그래서 항상 헷갈리는 것도 사실이다. '도대체 어디까지 해야 하는 걸까?' 그 적정선의 불투명함이 이 책을 쓰게 한 원동력이었다. 변화와 새로움이라는 숙제를 늘 마주하는 마케터에게 '중심을 잡게 해주는 버팀목 같은 것이 있다면 얼마나 좋을까?'라는 목마름이 있었기 때문이다. 이런 생각을 품고 마케팅에 대한 책을 구상한 것은 꽤 오래전이지만 막상 써야겠다고 마음을 먹고 실행에 옮기는 데까지 상당한 시간이 걸렸다. 공동 저자인 김현주 대표의 추진력과 팀워크가 나에겐 큰 힘이 됐다.

이 책은 '사례'가 주인공인 책이다. 마케팅 책이면 으레 다양한 사례가 나오기 때문에 '응? 그게 뭐?' 이런 생각이 들 수도 있겠지만 본문을 읽으면 왜 사례 자체가 주인공인 책이라고 했는지 알게 될 것이다. 우리는 마케팅에 대해 '생각하는 힘'을 길러주는 책을 쓰고 싶었다. 그런데 참 역설적이게도 "이게 정답이야"라고 핵심 정리해 떠먹여주는 순간 독자의 '생각하는 힘'은 길러지지 않는다. 생각하는 힘은 결국 스스로 다시 곱씹어볼 때, 그 순간 길러지기 때문이다. 그래서 우리는 사례를 정면에 내세우고, 해결해가는 과정을 하나하나 아주 디테일하게 보여주기로 했다. 마치 독자가 사례의 현장에 함께 있는 것처럼 말이다.

독자의 마케팅 고민과 이 책의 사례는 겉으론 달라 보일 수 있다. 하지만 겉모습을 걷어내고 기저에 깔린 핵심을 찬찬히 들여다보면 결국 고민이 통하고 있다는 것을 알 수 있다. 사례의 상황 속으로 오롯이 몰입해 곰곰이 문제를 생각해보자. '나라면 이 상황에서 어떻게 했을까?' 질문을 던지며. 생각을 스스로 정리할 수 있다면 그 깨달음은 이제 온전히 당신의 것이다.

화려하고 유명한 사례보단 작은 기업이 온 힘을 다해 고민한 사례, 지금은 번듯하게 성공해 보이지만 돈 없고 보잘것없는 작은 브랜드였던 시절의 이야기에 좀 더 비중을 두려고 했다. 그리고 그런 작은 기업과 작은 브랜드들이 더 많이 성공하는 다양성 있는 세상을 꿈꾼다.

지금은 마케팅 난도가 너무 올라가 어떻게 해도 속 시원하게 문제가 풀리지 않는다. 하지만 여기 등장하는 작고 강한 기업은 뻔한 일상 업무를 뒤집고, 가나 마나 했던 워크숍을 변화시켜서 문제를 풀어냈다. 생색만 내는 마케팅에서 벗어나 지속 가능하고 건강한 성장을 이끄는 마케팅을 찾아냈다.

자, 지금부터 그들이 발견한 '라벤더 포인트'를 함께 찾아가는 가슴 뛰는 여정을 시작해보자.

권오정

책의 마지막 작업인 에필로그를 두고 나는 꽤 여러 버전의 글을 쓰다 지우기를 반복했다. 본문 쓸 때와는 다른 어려움을 겪는 나를 보고 공동 저자인 권오정 대표는 이렇게 말했다. "광고업, SK 경력, 스타트업까지 현주 님이 살아온 날들에 대해 쓰시면 되지 않을까요?"

조언에 힘입어 지난날을 돌아보게 됐다. 짧지 않은 세월 동안 나는 광고회사의 기획자, 캠페인 디렉터, 기업의 광고 담당 임원, IT 기업의 프로덕트 기획 임원, 스타트업의 CMO와 CSO, 중견기업의 CEO 그리고 내가 창업한 회사의 공동대표까지 광고/마케팅/기획/인사이트라는 영역에서 꽤 이리저리 실험하고 부딪치는 나날을 보내왔다. 나는 광고를 정말 사랑했고, 광고 작업을 지금도 여전히 사랑하지만, 모든 문제의 귀결을 광고로 국한하는 것에 의문을 품게 된 어느 한순간이 있었다. 그 이후의 시간은 문제의 초점을 마케팅 전반으로, 비즈니스 기획으로, 창업 아이디어로 넓히려 애썼고, 내 사고의 반경과 커리어는 이를 통해 넓혀진 것 같다.

나는 왜 그토록 광고를 벗어나고 싶어 했을까? 왜 보다 근원적인 솔루션을 열망했던 것일까? 아마 특유의 반골 기질도 한몫했을 테지만 정해진 솔루션과 루틴이 되어버린 기획의 한계를 넘어서고 싶었던 것 같다.

내 커리어의 특색은 머물지 않았다는 것, 계속 도전했다는 것 그리고 비록 도달하지 못할지언정 최고를 꿈꾸었다는 것에 있다. 그 과정에서 당연히 생채기가 나고, 긁히고 다시 아물고 단단해지는 일이 반복됐다. 그 흠과 상처가 어느덧 무늬를 만들고 나이테가 되어, 내게 통찰과 지혜라는 선물을 주었다. 오랜 시간 수많은 도전을 통해 알아낸 이 비밀들을 그 옛날의 나처럼 부딪쳐 깨지고 있는 사람들과 나누고 싶었고, 우리의 경험이 필요한 사람들을 돕고 싶었다. 이것이 '누구도 마케팅 책을 안 보는 시대'에 책을 써야 하는 이유가 됐다.

거칠고 투박한 생각을 정교하게 정리하는 데 도움을 준 나의 사업파트너이자 공동 저자인 권오정 대표와 "ROI 안 나오는 책 작업을 왜 하냐"며 뜯어말리다가 결국 편집을 맡아준 이씨책방 이숙은 대표에게 마음 깊숙한 곳에서 감사를 전한다. 그리고 나를 앞으로 나아가게 하는 가장 큰 원동력인 딸 여명에게도 고맙다는 말을 꼭 전하고 싶다. 그 지지가 없었다면 나는 아무것도 아니었을 것이다.

김현주

CONTENTS

INTRO 시장에 들불을 일으키는 마케팅 발화점, 라벤더 포인트 ● 12

CH 1 VISION 브랜드 비전이 담대할수록 발상의 사이즈는 커진다
매출 목표가 비전이 되면, 브랜드가 옹졸해진다 ● 18
"놀랄 만큼 새로운가?" 젠틀몬스터를 움직인 단 한 가지 기준 ● 22

CH 2 FUTURE STRATEGY 직원들이 한 목소리로 업의 본질을 이야기하고 있는가
정체기인가? 직원과 손을 맞잡고 업을 재정의할 타이밍이다 ● 34
청소 장비 제조사 → 모빌리티 케어 플랫폼! 크린텍, 업을 재정의하다 ● 38

CH 3 RESEARCH 구조화된 리서치는 어떻게 라벤더 포인트를 만드는가
SK와이번스의 '이기는 야구' 아이덴티티 탄생 ● 58

CH 4 WORKSHOP '또 워크숍?'이 '와, 워크숍?'이 될 때 발화점은 탄생된다
질 좋은 워크숍으로 신상품 콘셉트를 도출한 신성이엔지 ● 72

CH 5 CUSTOMER EXPERIENCE 고객 여정 단계마다 잊지 못할 순간을 설계하라
경주 스마트 에어돔이 만든 고객 여정의 '와우 포인트' ● 96

CH6 VIRAL 입소문, 핵 중의 핵을 찾고 그 핵에 올인하라

인플루언서의 인플루언서를 공략하다, 노티드 도넛 ● 112

알아서 떠들어주는 고객이 있다면 그들이 입소문의 핵, 오픈갤러리 ● 118

'의외의 핵'이 마음껏 떠들 수 있도록 콘텐츠를 제공한 한국엘러간 ● 124

CH7 CUSTOMER FOCUS 고객의 팬심이 없으면 오늘의 성공도 없다

고객의 불만과 욕망에 온 힘을 다해 귀 기울인다면 새로운 기회가 생긴다 ● 134

고객 문제 해결사 → 고객을 기획자와 마케터로 모실 것! ● 140

CH8 IDEATION 비즈니스 들판에 불을 지피는 라벤더 포인트 발상법 네 가지

아, 어떻게 저런 생각을? 발상은 재능이 아니다, 습득이다 ● 152

라벤더 포인트 발상법 1. 버즈 아이 뷰를 가져라 ● 157

라벤더 포인트 발상법 2 사안의 본질, 뾰족점을 파악하라 ● 163

라벤더 포인트 발상법 3 기존 루틴을 해체하고 하나씩 쪼개서 보라 ● 169

라벤더 포인트 발상법 4 포기는 힘이 세다 ● 175

PLUS TIP 라벤더 포인트를 찾고 싶은 실무자에게 유용한

마케팅 템플릿 모음집 ● 183

시장에 들불을 일으키는
마케팅 발화점, 라벤더 포인트

광활한 대지에 흐드러지게 보랏빛 꽃을 피우는 라벤더. 지중해를 황홀하게 물들이는 라벤더 중 몇몇 종에게는 들불을 일으키는 힘이 있다는 사실을 아는지? 그리고 이 힘은 스파이크 오일(Spike Oil)에서 나온다는 사실도….

유칼립투스를 비롯한 몇몇 오일 식물처럼 이런 종의 라벤더 안에는 스파이크 오일이 들어 있다. 지중해의 강렬한 햇살이 일정한 온도까지 올라가면 라벤더 안의 오일은 자연발화되어 근처 초목을 태우면서 활활 들불을 일으킨다. 이 들불은 라벤더 씨앗을 감싸고 있던 딱딱한 껍질을 태워 씨앗을 땅에 떨어뜨리게 하고 이로써 다음 해에 싹을 틔울 채비를 마치게 된다. 라벤더의 불길은 황홀하고 향기로운 식물의 이면이며 생존을 위한 가장 강렬한 활동이다.

생각해보라. 지중해의 햇살을 받으며 점점 뜨거워지는 라벤더 안의 오일을. 라벤더 안의 오일에 오랜 시간 차오른 열기는 마침내 절정의 시간을 맞아 자연발화점이 되고 초목에 들불을 일으킨다. 오랜 인내와 기다림의 시간을 거쳐 불이 탁 붙게 되는 그 순간, 그 지점을 필자는 '라벤더 포인트'라 부르고자 한다.

마케팅과 비즈니스를 말하는 책에서 식물도감에나 나올 법한 라벤더 이야기를 꺼낸 이유다. 한 개체 안에 내재된 파워가 임계점에 도달해 발화를 일으키고 그 발화는 엄청난 에너지를 뿜어내 종국에는 성공적인 생태계를 완성한다는 메타포. 우리의 비즈니스와 마케팅 현실에 많은 시사점을 줄 수 있지 않을까?

All or Nothing의 시장

"연탄재 함부로 발로 차지 마라 / 너는 / 누구에게 한 번이라도 뜨거운 사람이었느냐"

안도현 시인의 시 〈너에게 묻는다〉의 한 구절은, 마케터인 필자에게 다른 의미로 마음에 남았다.

"우리 브랜드는, 누구에게 단 한 번이라도 뜨거운 존재였던가?"

'뜨거운 존재'라는 말에 주목하게 된 이유는 무엇일까? 과거 우리의 상품과 서비스, 이를 지원하는 마케팅 활동은 '미지근해도' 시장에서 살아남을 수 있었다. 미투(Me-too) 제품도 잘 팔렸고, 웬만한 광고 캠페인도 어느 정도 주목을 받았으며, 제조사가 발신하는 스토리에 고객은 신뢰와 믿음을 보여주었다. 하지만 이제 미지근한 것들은 설 자리가 없다. 미투형의 중가 제품을 사느니 아예 저가 제품 시장으로 고객의 발길이 이동한다. 그저 그렇게 만들어진 마케팅 아웃풋은 광고를 건너뛰는 '스킵(Skip)' 기능과 광고 노출을 아예 차단하는 월정액 시스템 덕분에 고객에게 도달해보지도 못하고 스러진다.

0점이 아니면 100점, 즉 주목받아 시장에 존재감을 드러낼 것이냐, 아니면 아예 소리 소문 없이 사라지고 말 것이냐, 양 갈래 선택만 남은 시대다. '뜨겁지' 않으면 아무것도 아닌 시대가 된 것이다.

모든 브랜드에는 발화점이 필요하다

'85점으로는 안 되는 시대'의 마케팅을 고민하던 필자에게 라벤더 포인트의 들불은 뒤통수를 한 대 때리는 듯한 충격을 주었다. "'내재된 스파이크 오일'이라는 잠재력이, 어느 순간 임계점에 도달해 '불꽃'을 일으키고, 그 불길이 '기폭제'가 되어 황무지를 불태운다"라는 서사가 지금의 마케팅 환경에서 가장 필요한 모든 것을 담고 있다는 생각이 들었다.

우리의 브랜드에 이 이야기를 대입해보자. 가장 먼저 필요한 것이 브랜드만의 강점(라벤더에 내재된 스파이크 오일 같은)이 있는가이다. 그것이 제품 자체든, 기업의 비전이든, 스펙이든, 히스토리든 무언가 치고 나갈 하나의 뾰족한 요소는 반드시 필요하다. 그것을 먼저 찾아야 한다. 쉽지는 않지만 반드시 해야 할 첫 번째 작업이다.

두 번째는 그 뾰족한 차별점의 수준을, 시장에서 흔히 봐왔던 고만고만한 수준이 아닌 가장 높은 임계치까지 끌어올려야 한다. 85점짜리 브랜드 관련 활동을 여러 개 하는 것보다 시장의 기폭제가 될 만한 것을 하나 잡고 그것을 임계치까지 끌어올려 100점이 되게 해야 한다. 앞서 말한 것처럼 최근의 시장은 100점짜리 제안만을 인정한다.

이렇게 브랜드 안에 응축된 파워를 극대화해 만들어낸 하나의 불씨, 그것을 필자는 라벤더 포인트라 정의한다. 이 불씨는 작지만 강력해서 일단 불붙기 시작하면 무엇보다 강렬하게 시장을 압도하도록 해준다.

라벤더 포인트는 이제 브랜드 생존을 위한 필수 요소다. 없어도 그만이고 있으면 좋은 그런 존재가 아니다. 과거 흩뿌리는 마케팅 방식의 성공률이 점점 떨어지고 있기 때문이다. 라벤더 포인트는 고객과 브랜드 사이에 스파크를 일으키고 격렬한 임팩트와 더 격렬한 바이럴을 일으키는 발화점이다. 어떤 브랜드라도 라벤더 포인트를 찾으면 지금까지의 미지근하고 평이한 마케팅에서 벗어나 진정으로 시장에 존재감을 드러내는 들불이 될 수 있다. 따라서 비즈니스의 성공을 꿈꾸는 모든 사람은 반드시 라벤더 포인트를 찾아내야 한다.

비즈니스 단계 단계마다 다양한 라벤더 포인트가 존재한다. 이는 기획일 수도 있고 콘셉트일 수도 있다. 카피 한 줄이나 구성원의 로열티, 심지어 고객 센터 운영도 라벤더 포인트가 될 수 있다. 라벤더 포인트를 발견할 가능성은 어디에나 존재하지만 그것을 찾아낼 가능성은 끈기와 열정의 함수다.

자, 지금부터 제품의 탄생에서 쇠퇴에 이르는 긴 여정 중 한 지점 한 지점을 라벤더 포인트로 만들고 이를 통해 시장에 강력한 존재감을 일으킨 기업들의 사례를 살펴보자.

01 VISION

브랜드 비전이 담대할수록
발상의 사이즈는 커진다

발은 땅에 두고 눈은 별을 보라.
"KEEP YOUR EYES ON THE STARS, AND YOUR FEET
ON THE GROUND."
by 시어도어 루스벨트(제26대 미국 대통령)

 VISION ① 좋은 비전의 요건

매출 목표가 비전이 되면, 브랜드가 옹졸해진다

브랜드 비전에 대한 세 가지 오해

많은 브랜드가 새로 생기고 그보다 더 많은 브랜드가 소멸한다. 어떤 브랜드가 생존하고 어떤 브랜드가 소리 없이 스러지는가? 사라져간 브랜드의 공통점을 살펴보면 많은 경우 브랜드 비전이 빈약하다는 사실을 발견하게 된다. 왜 많은 기업이 브랜드 비전에 소홀할까?

그 이유는 세 가지다. 첫째, '브랜드 비전, 그게 뭐 중요해? 당장 세일즈 영업, 마케팅 액션으로 매출을 올려야지'라는 단발적 생각이 브랜드 비전을 꼼꼼히 설계하는 것을 막는다. 둘째, 브랜드 비전이 단기적인 목표로 대체되어 옹색해진 경우다. CEO의 꿈과 미래 비전이 명확하지 않은 경우 '5년 안에 카테고리 1위', '3년 안에 100억 원 매출' 같은 숫자로 브랜드 비전을 좁게 만들어 더 큰 비전을 갖지 못하게 된다. 셋째, 애초부터 브랜드 비전에 대한 오해를 갖고 있기 때문이다. 흔히들 브랜드 비전을 '여러 개의 좋은 단어로 서술된, 현재 비즈니스와 상관없는 것'이라고 생각해서 비전 설정에 공을 들이지 않는다. 브랜드 비전에 대한 이 같은 잘못된 생각은 많은 기업이 '고만고만한 행보만 하도록 만드는' 주범일 수 있다.

좋은 브랜드 비전의 조건은 '담대함'

그렇다면 브랜드 비전이 꼭 있어야만 사업을 할 수 있는 걸까? 반드시 그렇지는 않다. 버크셔 해서웨이는 명시적인 비전이 없지만 수년 동안 시가총액 선두 기업 위치를 차지하고 있지 않은가? 하지만 버크셔 해서웨이의 CEO인 워런 버핏 같은 대가가 존재하지 않는 이상 현존하는 대다수 기업에는 브랜드 비전이 필요하다. 라벤더 포인트를 찾아내 시장에 들불을 일으키고 싶어 하는 용기 있는 CEO라면 더더욱 잘 만들어진 브랜드 비전을 가져야 한다. 직원들에게 사명감을 심어주고 한 방향으로 갈 수 있도록 이끌어주는 게 잘 만들어진 비전이니까.

대체 좋은 브랜드 비전이란 어떤 것일까? 다른 많은 조건이 있겠지만 필자는 '담대함'을 가장 중요한 요소로 꼽고 싶다. 담대한 브랜드 비전은 CEO 자신과 직원들의 발상의 사이즈를 다르게 만들기 때문이다. 크고 담대한 비전이 중요한 이유를 아래 글로벌 기업의 비전을 통해 체감해보자.

- **애플** 지구상에서 최고의 제품을 만들고 우리가 발견한 것보다 더 나은 세상을 만들기 위해 모든 단계에서 혁신하는 것
- **마이크로소프트** 세계에서 가장 역동적인 기업이 되는 것
- **알파벳** 전 세계의 정보를 체계화해 모든 사람이 이용할 수 있도록 돕는 것
- **아마존(미션과 비전 통합)** 지구에서 가장 고객 중심적인 회사가 되는 것, 최고의 경영자, 가장 안전한 일터를 만드는 것
- **엔비디아** 가속 컴퓨팅 분야의 세계적인 리더가 되는 것
- **메타** 사람들이 서로 연결되어 더 많은 것을 함께할 수 있는 세상을 만들어가는 것

위 예를 보면 브랜드 비전의 사이즈는 매우 크지만 업과 별개의 영역을 건드리지는 않는다. 기존 업의 속성이 부분집합으로 들어가고 그 위에 새로운 시각을 얹고 있다. 테슬라를 통해 좀 더 자세히 알아보자.

기존 유명한 대형 자동차 회사들에게 "자동차 회사의 비전은 무엇인가

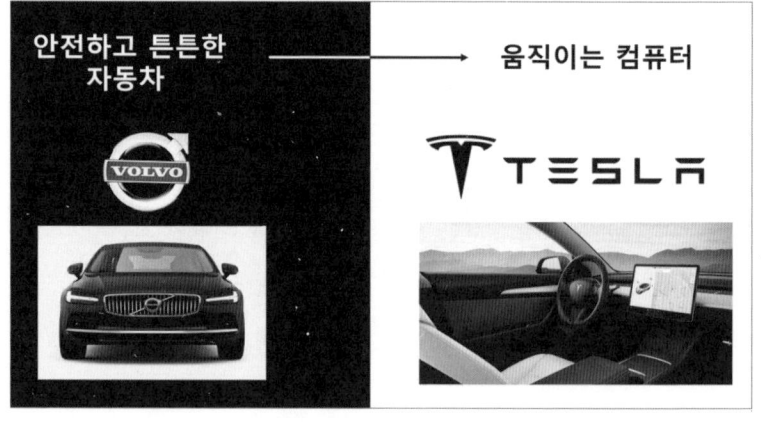

요?"라고 묻는다면 아마도 "안전하고 튼튼하게 잘 구동되는 자동차를 제공하는 일"이라고 답할 것이다. 하지만 테슬라는 완전히 다른 비전을 가지고 시작했다. 그들이 생각한 비전은 '움직이는 컴퓨터를 만드는 일'이었다. 이런 관점의 차이가 그들을 기존 자동차 회사들과는 차원이 다른 혁신을 일으키게 만든 중요한 원동력이 됐다.

해외 기업이라 바로 살갗에 와닿지 않는다고? 지금부터 젠틀몬스터 사례를 통해 작은 기업이 담대한 비전을 가질 경우 이 비전 자체가 어떻게 라벤더 포인트가 될 수 있는지 살펴보자.

VISION② 좋은 비전을 가진 기업 사례

"놀랄 만큼 새로운가?"
젠틀몬스터를 움직인 단 한 가지 기준

젠틀몬스터의 라벤더 포인트는 색다른 디자인의 안경이었을까?

- 2011년, 자본금 5000만 원의 아이웨어 브랜드로 시작
- 2013년, 첫 번째 플래그십스토어, 논현동 'The New Island' 오픈
- 2015년, 네 번째 플래그십스토어, 계동 'BATHHOUSE' 오픈
- 2017년, 코스메틱 브랜드 탬버린즈(TAMBURINS) 론칭
- 2022년, 디저트 브랜드 누데이크(NUDAKE) 론칭
- 2023년, 6000억 원대 매출, 1300억 원대 당기 순익 달성
- 2024년, 미국, 중국, 영국, 두바이, 홍콩 등 30여 개국 진출

이 같은 화려한 연혁의 주인공은 바로 젠틀몬스터다. 창업 10여 년 만에 마돈나와 지지 하디드가 먼저 찾는 브랜드가 됐고, LVMH가 후원하는 엘 캐터턴(L CATTERTON)으로부터 투자를 받았으며, 펜디, 알렉산더 왕 등과 컬래버레이션하면서 아시아에서 가장 독창적인 브랜드라는 명성을 얻게 됐다.

젠틀몬스터의 메가 히트 요인은 무엇일까? 누군가는 드라마 〈별에서 온 그대〉의 천송이 선글라스가 기폭제가 됐다고 하고 누군가는 얼굴이 작아 보이도록 만드는 디자인이 '중요한 한 방'이었다고 한다. 한마디로 한국 여성들의 선글라스 구매 요인 중 히든 니즈(Hidden Needs: 숨겨진 욕구)를 충족시키는 디자인이었다는 것.

필자의 분석은 다르다. 드라마 PPL과 제품 디자인은 일시적인 히트 요인은 됐을지 몰라도 이렇게 오랜 시간 MZ세대의 마음을 사로잡은 채 10여 년이 지난 지금까지 가장 힙한 브랜드로 자리 잡게 만든 근본 원인은 아니다. 더구나 지금은 코스메틱(탬버린즈), 디저트(누데이크), 건축까지 성공적으로 뻗어나가는 중이고 글로벌 진출도 가속화하고 있다. 무엇보다 6000억 원대 매출과 20%가 넘는 영업이익률이 이를 증명하고 있지 않은가?

그렇다면 무엇이 젠틀몬스터의 성장 동력인가? 무엇이 젠틀몬스터를 수백 개의 선글라스 브랜드와 다른 길을 걷게 한 것일까? 이 답을 찾기 위해 젠틀몬스터를 대중에게 각인시킨 계동 플래그십스토어 'BATHHOUSE'로 가보자.

대중목욕탕에 꾸민 플래그십스토어, 'BATHHOUSE'의 충격

2015년 북촌의 계동은 젠틀몬스터의 BATHHOUSE를 찾은 사람들로 인산인해를 이뤘다. 첫 번째 논현동 'The New Island', 두 번째 홍대 'QUANTUM', 세 번째 신사동 가로수길 'KITCHEN'에 이은 네 번째 플래그십스토어였다. 50년 된 낡은 동네 목욕탕을 플래그십스토어로 개조한 과감한 발상은 SNS를 달궜고, 젠틀몬스터를 대중에게 각인시킨 하나의 '마케팅 작품'이 됐다.

젠틀몬스터는 론칭 이후 이미 감도 높은 디자인, 차별화된 패키지 전략으로 마니아층을 형성하고 있었다. 하지만 여기서 그쳤다면 오늘날의 젠틀몬스터는 존재하지 않았을 것이다. 그 정도 하는 고만고만한 브랜드는 많았기 때문이다. 대중의 마음에 불을 지핀 라벤더 포인트는 바로 이 BATHHOUSE였다.

계동 플래그십스토어 'BATHHOUSE'

사실 플래그십스토어라는 마케팅 행위는 생소한 것이 아니다. 온라인 상에서 보여줄 수 없는 브랜드의 정체성을 극명하게 드러내는 툴로써 다른 브랜드들도 늘상 활용하는 도구였다.

하지만 계동의 BATHHOUSE 프로젝트는 두 가지 면에서 달랐다

첫째, 상품이 아닌 아트로 접근했다. 아트는 시대정신과 예술가적 시선을 포착한다는 고유의 특성을 갖고 있다. 계동의 BATHHOUSE 또한 사라질 위기에 처한 근대 유산에 대한 안타까움이 대중적으로 퍼질 시점에 만들어졌다. 계동의 역사적 배경에 아련한 목욕탕에 대한 기억을 소환해 스토리를 만든 것. 현대미술처럼 첫인상은 생경하도록 그러나 그 안에 내재한 익숙함을 노렸다. 아트가 전면에 나서고 상품은 보조 역할을 하도록 한 기획이 절묘했다.

둘째, 지속적인 플래그십스토어 전략으로 브랜딩을 이끌어냈다. 다른 브랜드가 플래그십스토어를 일시적인 소모품 정도로 치부하고 일회성으로 끝낼 때 젠틀몬스터는 고객 안에 젠틀몬스터를 깊숙이 각인시키는 핵심으로 만들어 지속성을 부여했다. 앞서 말했듯 BATHHOUSE는 단독자가 아니다. 논현동, 홍대, 신사동 가로수길 프로젝트에 이어 네 번째였고, 이후 다섯 번째 신사동 가로수길 'Home and Recovery', 여섯 번째 부산 'THE PLAY : 연극', 일곱 번째 대구 'Laundry' 등으로 이어졌다. 이는 2021년, '리테일의 미래'라는 주제를 품은 '하우스 도산 프로젝트'로 이어지며 젠틀몬스터의 심장이 됐다.

논현동 플래그십스토어 '출항의 염원' (출처: 젠틀몬스터 홈페이지)

하우스 도산 (출처: 젠틀몬스터 홈페이지)

젠틀몬스터만의 발상과 지속력을 이끈 건 무엇이었을까

플래그십스토어 하나도 다르게 하는 힘, 소멸되지 않고 레거시화될 수 있는 것을 기획하는 힘, 지치지 않고 그 행보를 이어가는 젠틀몬스터만의 발상 방법과 지속력의 근간은 무엇일까?

창업자인 김한국 대표는 디자인하우스와의 인터뷰에서 이에 대한 답을 들려준다. "우리의 판단 기준은 명확합니다. '새로운가? 세상이 놀랄 만큼?' 이에 더해 현실과 상상, 과거와 현재 이 모든 것을 융합해 시도한 '새로운 실험'을 통해 '세상을 놀라게 하자'는 비전이 젠틀몬스터의 가치입니다. 서로 약속하거나 강요한 것은 아니지만 우리는 이 젠틀몬스터의 가치에 동의하고, 그 가치를 기준으로 삼아 일하고 있습니다." 또한 플래그십스토어에서 보여준 지속성의 힘에 대해서도 포춘 코리아와의 인터뷰를 통해 설명한다. "놀라움과 새로움을 주되, 지속하는 것이 위대함을 만든다고 생각해왔습니다."

그의 생각을 조금 더 따라가 보자. "그 프로젝트가 '여전히 고객에게 새로운가' 자문해보고 그렇지 않다면 아무리 많은 돈을 들여 만든 전시였더라도 뒤집습니다"라든지 "항상 주변의 흐름을 고찰하고 거기서 내가 미처 보지 못한 것은 무엇인지 고민하는 식으로 초기 생각을 정리합니다"라는 대답이 뒤를 잇는다. 결국 이 모든 대답을 관통하는 키워드는 '새로움', '세상을 놀라게', '지속성' 이 셋인 것이다.

자, 이제 젠틀몬스터의 라벤더 포인트가 무엇인지 밝힐 때가 됐다. 그들의 라벤더 포인트는 자신의 영역을 넘어서는 새로움을 세상에 던진 것이고, 그것을 가능하게 한 것은 브랜드 비전의 '사이즈'였다. 안경을 만드는 회사가 아니라 '세상을 놀라게 하는 새로움'을 전달하는 기업이라고 그들 자신이 인식했기 때문에 BATHHOUSE 같은 플래그십스토어가 나왔고 차별화된 패키지와 혁신적인 디자인이 만들어졌던 것이다.

이 같은 담대한 사이즈의 브랜드 비전은 구성원을 성장시킨다. 김한국 대표의 이야기를 조금 더 들어보자. "계속 새로운 시도를 하다 보니 직원들도 눈이 높아져서 어느 순간 변화 없이 마치 멈춰 있는 듯한 전시 공간을 보면 모두가 자연스럽게 리뉴얼을 해야겠다고 생각하게 돼요. 이 공간을 보여주는 것이 브랜드의 정체성에 맞는지 스스로 고민하게 됩니다."

젠틀 살롱 팝업 (출처: 젠틀몬스터 홈페이지)

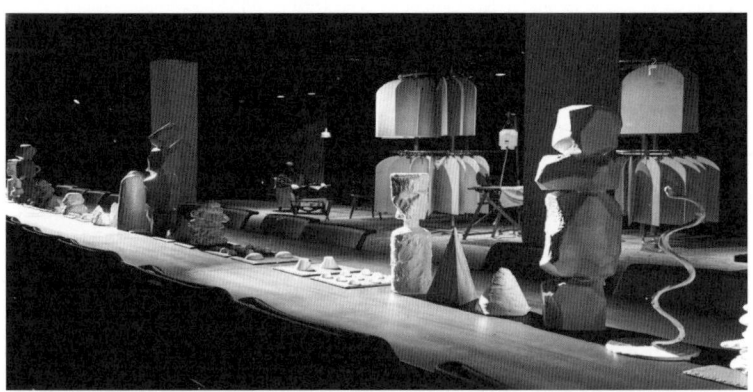

버닝프로젝트 X MINO (출처: 젠틀몬스터 홈페이지)

작은 기업의 브랜드 비전은 더 명확하고 담대해야 한다

젠틀몬스터도 작은 기업이었다. 초기에 그들은 미미했고, 존재감이 없었다. 작은 회사가 초창기부터 그토록 야심 찬 브랜드 비전을 만들고 지켜낸 것. 이 점이 바로 시장에 한 획을 긋게 만든 젠틀몬스터의 라벤더 포인트이다.

젠틀몬스터의 이 같은 성공 방식은 필자에게도 많은 생각거리를 던져주었다. "브랜드 비전을 잘 세워서 그것을 북극성으로 삼고 전 직원이 한 방향으로 움직일 때 시장에서 성공할 수 있다."라는 외침은 말 그대로 교과서에만 나오는 이야기라고 치부하곤 했는데 젠틀몬스터는 시장의 편견을 가뿐하게 뛰어넘어 그 외침을 성공의 지렛대로 만들었다.

브랜드 비전을 담대하고 창의적으로 세울 수 있는 용기도 중요하지만 무엇보다 비전을 현실 비즈니스에서 묵묵히 실행하겠다는 의지가 가장 중요하다. 용기와 의지. 개인이든 브랜드든 비즈니스 세계든 가장 갖추기 어려운 두 가지 요소가 용기와 의지 아닐까. 젠틀몬스터는 이 둘을 동시에 장착함으로써 독특함과 지속성을 견지할 수 있었다.

다만 하나 더 얘기하고 싶은 건, 담대함이 허황함은 아니라는 점이다. 오히려 창업 초기의 초심으로 돌아가 '진정으로 원하는 것' '이루고 싶은 것'에 집중하는 것이 담대함에 가깝다. 중간에 타협하지 않고 방향성을 지켜내는 것이야말로 어렵지만 가장 중요한 지점이다.

작은 기업의 브랜드 비전이
담대할 때 얻게 될 이익

✓ 첫 번째 이익 _ 업의 영역을 넘어선 발상이 가능해진다

젠틀몬스터는 안경 회사의 최고봉이 아니라 패션업계의 리더이며 나아가 현대 아트의 대변자가 됐다. 자신의 영역을 뛰어넘어 새로운 영역을 차지할 수 있게 됐고 이는 비즈니스 지평의 확대를 가져왔다. 젠틀몬스터의 향수 및 화장품 그리고 F&B 진출의 성공이 이를 증명한다.

✓ 두 번째 이익 _ 구성원의 가슴을 뛰게 해 풀 파워(Full Power: 전심전력)를 끌어낸다

명쾌하면서도 담대한 비전은 구성원의 마음을 움직이고 풀 파워를 발휘하게 한다. 젠틀몬스터의 마케터가 워크플로(Work Flow: 작업흐름)에서 매 순간 "이것은 세상을 놀라게 할 만큼 새로운가?"라는 질문을 스스로에게 던진다면 기획과 실행이 완전히 달라진다. 이렇듯 구성원의 스피릿에 심어진 비전은 고객에게 강한 에너지로 전달되어 강렬한 인상을 남긴다. 이것이 브랜드가 가진 진정한 힘이며 탁월한 브랜딩의 결과물이다.

단순한 로고나 구호가 아니라 구성원의 로열티를 이끌어내고 고객들의 선호와 애착을 이끌어내는 가장 강력한 동인이다.

✓ 왜 우리의 브랜드 비전은 라벤더 포인트가 되지 못했을까

첫째, 너무 좁거나 세속적이다 어느 기업이나 브랜드 비전을 갖고 있는데 왜 대부분의 경우 이를 라벤더 포인트화하지 못할까? 그 브랜드 비전이 구성원의 가슴을 뛰게 할 만큼의 요소를 갖추지 못했기 때문이다. 너무 좁거나 세속적인 비전은 과업은 될지언정 자발적 몰입과 창의를 이끄는 비전은 되지 못한다.

둘째, 비전은 구호일 뿐 구성원에게 체화되지 않았다 브랜드 비전이 구성원에게 체화되지 않으면 지속성과 실행 일관성이 부족해진다. 브랜드 비전은 말 그대로 비전을 담은 말이기 때문에 상황마다 해석이 필요하다. "세상을 놀라게 하자"는 젠틀몬스터의 비전은 대표와 구성원 간의 끊임없는 토론, 즉 '어떻게 놀라게 하나?', '이런 접근법은 우리의 비전에 맞는가?'라고 하는 구체화 작업을 통해 가다듬어졌다. 이것이 아웃풋 엑설런스(Output Excellence: 결과치의 탁월함)의 요인이었다.

셋째, 비전이 서비스와 상품을 통해 구현되지 않았다 크고 담대한 브랜드 비전일수록 그에 걸맞은 서비스와 프로덕트(Product 상품)가 같이 구비되어 회사 전체가 브랜드 비전의 효능감을 느낄 수 있어야 한다. 젠틀몬스터의 경우 BATHHOUSE 플래그십스토어는 "세상을 놀라게 하자"는 비전을 생생하게 보여준 실체였다. 즉 잘 세워진 브랜드 비전을 구성원과 공유하고 그 기준에 맞는 서비스와 프로덕트를 만드는 것, 이를 통해 브랜드 비전을 현실 속에서 살아 숨 쉬게 하는 것이 중요하다.

02 FUTURE STRATEGY

직원들이 한 목소리로 업의 본질을 이야기하고 있는가

가장 낮은 곳까지 동일한 이념이 흐르게 하라.
이나모리 가즈오(교세라그룹 회장)의 책 ≪왜 사업하는가≫ 중

FUTURE STRATEGY ① 업의 재정의가 필요한 이유

정체기인가? 직원과 손을 맞잡고 업을 재정의할 타이밍이다

얼마 전 LG전자에 다니는 지인을 만나 "지금 비즈니스 환경이 사막 지형과 같다"는 말을 들었다. 정말 딱 맞는 말이라고 생각했다. 사막에는 딱히 정해진 지형이 없다. 낮에는 높은 사구도 낮은 평지도 보이지만 하룻밤만 지나면 싹 변해서 전날과는 완전히 다른 지형이 펼쳐진다. 이렇듯 지금 우리의 비즈니스 환경은 시시각각 변하고 있고 갑작스럽게 모습을 바꾸기도 한다.

기업을 경영하는 CEO들은 이러한 외부의 변화에 빠르게 대응하고 싶어 한다. 하지만 조직의 변화 속도는 기대보다 느리고 기존의 비즈니스 룰이 더 이상 작동하지 않으면서 정체기에 빠진 듯 답답한 국면이 이어질 때가 온다. 기존 시장의 경쟁이 너무 치열해져서 새로운 시장으로 확장이 필요하거나 M&A와 같이 회사 전체의 변화도 앞두고 있는 그런 시점 말이다.

신상품의 성공 여부, 마케팅 전략 하나하나의 히트 여부가 중요한 것이 아니라 '중대한 변곡점'이 필요한 이 시점에 필자가 제시하는 솔루션은 바로 '업의 재정의'다. 창업 초기에 만들어진 '업의 정의'를 시장 변화에 맞춰 '재정의'할 타이밍이 온 것이다.

업의 본질을 새롭게 정의한 인천국제공항과 파타고니아

비즈니스의 변곡점에서 의미 있는 변화를 이뤄낸 사례들을 들여다보면 '업의 본질' 자체를 스스로 재정의한 데서 출발한 경우가 많다. 몇 가지 유명한 예시를 한번 보고 가자.

'공항'을 생각해보자. 공항 업의 본질은 무엇일까? 비행기가 뜨고 내리는 정류장이다. 비행기가 잘 뜨고 내리게 관리하고 승객과 짐이 안전하게 타고 내리도록 신경 써야 하는 '운송 지원업'이라고 정의할 수 있다. 하지만 세계에서 가장 우수한 공항 중 하나로 인정받게 된 인천국제공항은 스스로를 이렇게 정의하지 않았다. 대신 '여행객 동선 디자인업'이라고 정의했다. 동선을 유연하게 잘 설계해서 여행객에게 쾌적하고 즐거운 경험을 전해주는 역할이 업의 본질이라고 생각한 것이다. 자신의 업을 이렇게 정의한 인천국제공항은 비행기를 타고 내리는 순간만이 아니라 공항에 들어서는 순간부터 공항 안에 머무르면서 누리는 다양한 서비스까지, 이용객에게 차별화된 경험을 선사할 수 있게 된다.

패션업계를 보자. 유행을 선도하고 유행에 맞게 만든 옷을 멋지게 광고

해서 판매하는 뻔한 패션산업 생태계에서 패션업을 완전히 다르게 정의한 이들이 나타나는데 바로 파타고니아다. 파타고니아는 자연을 아끼고 자연과 함께하고 싶은 사람이 적극적으로 자신의 가치를 실현할 수 있는 기회를 만들어주고 싶었다. 즉 스스로를 '자연을 해치지 않는 아웃도어 활동 지원가'로 정의하면서 말이다. 이렇게 업의 본질 자체를 다른 시선으로 바라보고 다르게 정의한 파타고니아는 여타 패션회사들과는 완전히 다른 길을 걷게 된다. 심지어 헌 옷을 새 옷처럼 만들어줄 테니 새옷을 사지 말고 자원을 아끼자는 파격적인 캠페인까지 벌일 정도였다. 이런 남다른 발상과 실천으로 파나고니아는 창업 후 불과 몇 년 만에 두꺼운 마니아층을 거느린 글로벌 패션회사로 우뚝 서게 된다.

왜 CEO 혼자 설치다 끝나는 걸까

하지만 많은 경우 '업의 재정의'라는 중차대한 일을 하면서 외부에만 의뢰하거나 CEO 또는 임원 선에서 일방적으로 선포하고 끝날 때도 많다. 기껏 사내 프로젝트를 띄우긴 하지만 제대로 된 열매를 맺지 못하는 경우도 많다. 왜 그럴까? 왜 이런 중요한 일이 실무자 레벨로 뿌리내리지 못하고 리더로부터 시작해 리더 혼자 설치다 끝나게 되는 것일까?

업의 재정의가 필요할 때, 그 과정을 구성원들의 역량과 참여를 잘 끌어낼 수 있게 설계하면 그것 자체가 라벤더 포인트가 될 수 있다. 특히 필자가 추천하는 방법은 다양한 부서와 직급의 직원들을 대표선수로 뽑아서 처음부터 논의를 함께하는 것이다. 이렇게 할 경우 소수의 리더끼리 하는 것에 비해 표면적으로 보면 시간과 노력이 많이 드는 것처럼 보이지만 잘 준비해서 진행하면 소수의 리더가 하지 못하는 더 크고 가치 있는 역할을 이들과 나눌 수 있다. 이를 통해 추후 '조직 내 실행'이 더 실체적이고 단단하게 전개될 수 있다.

평소 조직원의 역량에 아쉬움을 느끼거나 업의 재정의 같은 전략적인 일을 실무자들과 함께 진행하는 것이 과연 아웃풋을 내줄지 의구심을 갖는 리더라면 지금부터 소개하는 사례가 도움을 줄 것이다. 인재풀을 갖춘 대기업 이야기가 아니라 별도의 전략 부서가 없는 중소기업의 사례이기 때문이다. 작은 기업 안에도 회사에 대한 로열티와 시장 및 고객에 대한 인사이트가 깊은 조직원들이 있다. 리더가 진정성을 가지고 그들과 손잡고 업을 재정의하는 작업을 함께하면 분명히 원하는 결과물에 도달할 수 있다. 단 몇 가지 방법만 안다면 말이다. 지금부터 알아보자.

FUTURE STRATEGY ② 업을 재정의하고, 도약한 기업 사례

청소 장비 제조사 → 모빌리티 케어 플랫폼! 크린텍, 업을 재정의하다

전환점이 필요한데 직원들은 현업으로 바쁘기만 하고…

　산업용 청소 장비 제조 & 판매 회사인 크린텍은 우수한 품질과 탄탄한 AS 역량을 지닌 실내 청소차 분야의 리더다. 한때 저가 중국산 제품의 공격적인 시장 침투로 고전하기도 했다. 하지만 뛰어난 내구성과 우수한 세정력을 갖춘 제품력 그리고 신뢰를 주는 AS를 통해 30여 년간 높은 고객 만족도를 지켜가고 있다. 한 분야에서 전문성을 가지고 꾸준히 노력해온 기업이라면 현상 유지만 해도 큰 문제가 없을 것처럼 보이지만 크린텍에게도 변화가 필요한 시점이 다가오고 있었다. 국내 청소 장비 시장이 서서히 포화되어 성장성이 한계에 도달하고 있었기 때문이다.

당시 CEO는 자신의 속마음을 이렇게 털어놓았다. "지금 당장은 비즈니스가 평탄해 보이지만 여기에 계속 머물러 있을 수는 없죠. 문제는 매일매일 쏟아지는 현업으로 바쁜 직원들에겐 미래를 찬찬히 생각할 여유가 없는 게 현실이라는 점입니다. 그렇다고 경영진이 어느 날 갑자기 직원들에게 일방적으로 미래 방향성을 통보한다면 직원들로서는 공감하는 데 분명히 한계가 있을 겁니다. 힘이 좀 들더라도 회사 구성원 모두가 함께 미래 비전을 만들어가야 더 좋은 결과를 가져온다고 봅니다."

바로 이 시점에 필자는 컨설턴트로 참여해 크린텍의 '대표선수 10'이라고 일컬어지는 다양한 부서 및 직급의 구성원 10명과 함께 100일간의 프로젝트를 진행하며 크린텍의 새로운 미래를 그려나갔다. 처음엔 추상적인 단어 몇 개가 전부일 정도로 막막하기만 했던 미래 비전은 구성원들의 적극적인 참여를 통해 구체적이고 실행력 있는 실체로 만들어졌다. 당시 유용하게 활용했던 방법을 하나씩 짚어가 보자.

액션할 수 있는 실무자들을 참여시켜라, 처음부터 끝까지

CEO가 "5년 뒤 우리 회사는 어떤 모습이 되어 있을까?" 이런 화두를 던지면 구성원들은 보통 "아, 우리 사장님 또 시작이시네. 당장 할 일도 많은데 그런 답도 없는 질문을…"이라고 말하는 경우가 많을 것이다. 비전이 이미 명확하게 세팅되어 있고 그에 맞춰 안정적으로 착착 성장하는 회사라면 다르겠지만 당장 매 분기 매출이 걱정인 기업이라면 이처럼 다소 막연한 질문에는 진지하게 대답할 여력조차 없는 경우가 많다.

크린텍의 상황도 비슷했다. 10명의 대표선수가 처음 모인 자리에서 "크린텍의 미래 비전을 찾고 앞으로 5년간 크린텍이 나아갈 방향을 같이 고민해봅시다"라고 말했을 때 모두의 속마음은 누군가 농담처럼 던진 이 한마디에 다 들어 있었다. **"근데 소는 누가 키웁니까?"**

직원과 함께 업을 재정의할 때 필요한 그라운드 룰

참석자들의 자세가 다소 삐딱하리라는 것은 지극히 자연스럽고 예상 가능한 시나리오다. 그런데 이것은 다음 몇 가지 원칙만 잘 지키면 극복 가능하다.

첫 번째는 참석자들에게 프로젝트의 일원으로 선발된 기준과 의미를 명확히 설명하고 이를 통해 자부심을 느끼게 해주는 것이다. 여기서 강조할 것은 그냥 오고 싶다고 해서 올 수 있는 자리가 아니라 '선발'됐다는 점이다.

두 번째는 모두가 참여해 서로 투명하게 논의하고 한 명 한 명의 의견이 존중되는 방식으로 논의를 끌고 가는 것이다.

세 번째는 (가장 중요한 요건인데) 논의 과정에서 실제로 의미 있는 의사결정이 일어나도록 하는 것이다. 형식적으로 모이고 의사결정은 나중에 별도로 하는 것이 아니라 실제로 '내가 만들어간다'는 느낌을 줄 수 있게 모임에서 의사결정 자체가 일어나야 한다.

물론 처음부터 프로젝트에 함께할 구성원을 잘 선발하는 것이 중요하다. 마치 월드컵에 나가는 최정예 선수단을 꾸리듯 한 명 한 명 신중하게 멤버를 고르는 과정이 필요한데 여기에는 다음과 같은 몇 가지 기준이 고려됐다.

● '다양성' 있는 팀을 만든다

크린텍의 경우 기획 및 마케팅, 영업, 서비스, 고객지원, 기술개발, 물류 지원 등 다양한 부서에서 골고루 참여했다. 직급도 주니어와 시니어 레벨이 적절하게 섞였다. 다양성 있는 팀은 다양한 관점을 테이블 위에 던져줄 수 있어 창의적인 발상을 이끌어낸다.

● 평소 '변화'에 대해 유연하고 열린 마인드를 가진 직원을 선발한다

만약 어떤 직원이 주어진 자기 일은 잘하지만 평소 태도가 보수적이고 변화에 부정적인 성향을 갖고 있다면 이런 자리에는 적합하지 않다. 자칫 부정적인 에너지를 퍼뜨려 팀 분위기를 망칠 수 있다.

● '고객 중심 마인드'가 탑재된 멤버를 선발한다

본 프로젝트의 목적이 비용 절감이나 구조조정과 같이 '효율성 상승'에 있지 않고 고객 가치를 올리는 '성장 동력'을 찾는 데 있기 때문에 고객을 떠올리면서 비즈니스를 바라볼 관점이 필요하다.

처음엔 다소 삐딱하고 소극적인 자세로 시작한 크린텍 구성원들은 논의가 무르익어가면서 서서히 자발적이고 적극적인 태도로 바뀌었다. 논의 과정에 참여하는 것 자체가 자신의 역량 개발에도 도움이 되겠다는 생각이 들었기 때문이다.

사실 업을 재정의하고 비전을 세우는 일은 평소에 해보기 어려운 업무다. 제대로 진행이 안 되면 "뜬구름 잡다 끝났다"는 혹독한 피드백을 들을 수 있지만 제대로 진행하면 구성원들의 성장 효과까지 덤으로 얻을 수 있다. 특히 요즘같이 불확실성이 높은 시대에는 CEO라고 해서 모든 질문에 답이 있을 턱이 없다. 시행착오를 겪을 각오를 하되 구성원들과 손을 맞잡

고 가면 좀 더 지속 가능하게 헤쳐나갈 수 있다.

업의 본질을 고민하게 할 황금 질문은 무엇일까

회사가 기존의 비전을 업데이트하고 혁신을 위해 업을 재정의해야 할 때, 구성원들에게 어떤 식으로 질문을 던지면 좋을까? "5년 뒤 매출 목표는 어느 정도가 적절할까?", "지금처럼 오프라인 중심 운영을 계속해야 할까, 아니면 온라인 채널을 새롭게 강화해야 할까?" 등등…, 이런 식의 질문법은 나중에는 필요할 수 있을지 몰라도 일단 시작 시점에선 좋은 질문이 아니다. 구성원들의 생각을 가두어 뻔한 답만 나오게 할 수 있다. 그렇다면 어떤 것이 좋은 질문일까? 필자가 유용하게 사용하는 황금 질문은 바로 이것이다.

"현재 우리 회사의 업의 본질은 무엇인가요? 그렇다면, 미래에는 업의 본질이 무엇이 돼야 할까요?"

크린텍의 경우 업의 본질은 무엇일까? '현재' 버전의 답을 찾는 것은 어렵지 않았다. 30년간 산업용 청소차 분야에서 한길을 걸어온 회사였기 때문이다. 하지만 성장잠재력이 포화된 시장에 계속 머무르면서 같은 업의 정의를 반복할 경우 한계가 있을 수밖에 없다. 그렇다. 지금은 새로운 성장 동력을 찾아야 하는 중요한 시점이다. 지금까지와는 다른 새로운 업의 본질을 찾기 위한 치열한 토론이 시작됐다. 회사가 처음 세웠던 업의 본질이 앞으로 어떻게 되어야 할 것 같냐는 질문을 던졌을 때 참석자들에게서 자발적으로 나온 키워드는 주로 '청소 장비', '위생'에 한정됐다. 여전히 구성원들의 생각은 미래가 아닌 '현재'에 머물고 있었다.

하지만 이건 크린텍만 유독 그런 것이 아니다. 필자의 경험상 많은 회사가 비슷한 상황에서 비슷한 반응을 보인다. 심지어 업계 1위로 인정받는 대기업에서도 상황은 크게 다르지 않았다. 미래를 위해 발상을 전환하기란 생각보다 어려운 일이다.

원하는 답이 나오지 않을 땐 질문을 우회하라

원하는 답이 나오지 않는데도 계속 같은 질문을 붙들고 있거나 쥐어짜는 건 좋은 방법이 아니다. 조금 우회해서 간접적으로 업의 본질을 건드릴 수 있는 논의를 진행하는 것이 효과적인 경우가 많다.

크린텍 사례에서 그런 역할을 한 질문은 "우리가 가진 현재의 강점이 무엇인지 한번 말해보자"였다. 강점에 대한 논의는 충분히 의미가 있는데 이는 다음과 같은 몇 가지 구체적인 이유 때문이다.

첫 번째, 강점을 나타내는 키워드를 같이 정리하면서 구성원들은 새삼 '우리가 꽤 멋진 회사구나'라는 자부심을 갖게 되고 이런 긍정 에너지가 이후 논의를 활발하게 진행하는 데 도움이 된다.

두 번째, 평소엔 당연한 듯 또는 별거 아닌 듯 지나쳤던 강점을 새삼스럽게 다시 깨닫게 된다. 이때 필자와 같은 외부인이 "이건 다른 회사가 갖기 어려운 중요한 강점이다"라고 객관적으로 짚어주는 것도 도움이 된다. 예를 들어 '어떤 문제가 터져도 끝까지 해결하는 AS 역량과 인프라'는 크린텍 입장에서는 '당연히 해야 하는 건데 그게 특별한 강점이 될까?'라는 생각을 하고 있었지만 객관적으로 다른 경쟁사들과 비교하면 분명히 큰 강점이었다.

세 번째, 강점 리스트를 만들다 보니 그중에서 '청소차', '위생' 분야에 꼭 한정할 필요가 없는 것도 강점임을 참석자들이 자연스럽게 깨닫게 됐다.

이렇게 서로 강점을 이야기하는 동안 구성원들의 생각이 차차 열리게 됐다. "우리의 강점을 청소 장비에만 머무르지 않고 고객이 다른 영역에서도 경험할 수 있게 하자", "고객에게 제공되는 서비스가 지금보다 좀 더 강화되면 좋을 거 같다", "기술 격변의 시기에 AI, 자율주행, 친환경 에너지 기술을 지금처럼 계속 빠르게 도입해서 고객에게 제공하는 회사가 되면 좋겠다", "고객이 문제가 터져서 우리를 찾을 때까지 기다리지만 말고 우리가 먼저 고객에게 다가가는 회사가 되자" 등등 긍정적인 대답이 다양하게 나오기 시작했다. 미래를 향한 업의 본질에 대해 좀 더 실체 있는 논의를 할 수 있는 분위기가 서서히 무르익어갔다.

그렇지만 여전히 "우리가 해야 할 미래 업의 본질은 이거다"라고 명확하게 정의하기 위해선 '인식의 큰 산'을 하나 더 넘어야 하는 상황이긴 했다. 이 큰 산을 어떻게 넘으면 좋을까?

비슷한 처지의 벤치마킹 사례를 찾아낸다면 반은 마친 것!

사실 큰 변화가 필요한 시점임을 판단한 크린텍의 CEO는 처음부터 어느 정도 업의 재정의에 대한 밑그림을 갖고 있었다. 바로 청소차를 케어하고 보수하는 서비스 역량을 청소차에서 다른 산업용 모빌리티 장비로 확장하는 것이었다. 크린텍은 수천 개의 부품을 조달해서 문제가 해결되도록 끝까지 서비스하는 직원들의 역량과 시스템이 이미 단단하게 구축되어 있었기 때문에 이를 다른 분야, 즉 전기차 배터리와 자율주행 소프트웨어를 관리할 수 있는 역량까지 확장 가능하다고 판단한 것이다.

강점에 대해 논의하면서 CEO의 이런 생각과 상통하는 의견이 구성원의 입에서도 자연스럽게 언급되기 시작했다. '방향이 맞게 잡히기 시작했구나'라는 직감이 들었다.

하지만 그 정도로는 "이건 우리도 할 수 있다!"라고 방점을 찍기에는 부족한 면이 있었다. 자신들이 가보지 않은 새로운 길에 대해 막연한 두려움을 가지는 건 누구에게나 비슷한 자연스러운 현상이다.

크린텍 직원에게 '아하! 인사이트'를 준 미국의 존 디어

이런 상황에서 효과를 톡톡히 발휘할 수 있는 것이 벤치마킹이다. 벤치마킹이라고 하면 보통 뻔히 알고 있는 같은 업종의 직접 경쟁사만 분석하는 경우가 많은데 업을 재정의할 때는 시야를 넓혀서 봐야 한다. 그렇다고 너무 먼 이야기가 아닌 구성원들에게 딱 와닿는 벤치마킹 포인트를 콕 집어 잘 찾는 것이 특히 중요하다. 다양한 벤치마크 사례가 있었지만 크린텍 직원들의 마음을 움직이게 한 결정적인 사례를 딱 하나 꼽으라면 바로 미국 농기계 회사 '존 디어(JOHN DEERE)'였다.

존 디어는 글로벌 농기계 분야 1위 회사다. 거대한 트랙터를 만드는 전통 제조업의 강자로 수십 년 사업을 해오다 최근 성공적으로 디지털 트랜

스포메이션(Digital Transformation)을 하면서 회사 가치가 폭발적으로 성장했다. 존 디어의 성공은 우상향하는 주가 차트가 입증한다.

존 디어가 이 같은 혁신을 이룰 수 있었던 데는 스스로 자신의 업을 새롭게 정의한 점이 밑바탕에 깔려 있다. 존 디어는 자신의 업을 어떻게 재정의했을까?

아래 그림에 정리된 것처럼 '더 크고 더 빠르고 더 강한 농기구를 만드는 회사'에서 '더 쉽고 더 정확하고 더 자동화된 농업 서비스를 제공하는 데이터와 소프트웨어 기반의 회사'가 되겠다고 재정의한 것이다.

산업용 중장비라는 비슷한 카테고리에 속하면서 전통 제조업 기반의 조직문화를 가진 존 디어의 사례는 크린텍과 공통점이 많았다. 이런 공통점 때문에 구성원들은 크린텍과 존 디어가 충분히 가깝다고 느꼈고 '지금 우리가 하는 논의도 충분히 현실성이 있구나'라는 확신을 갖게 됐다.

벤치마킹 사례에 대한 열띤 논의를 바탕으로 크린텍 구성원들은 마침내

존 디어가 재정의한 업의 본질

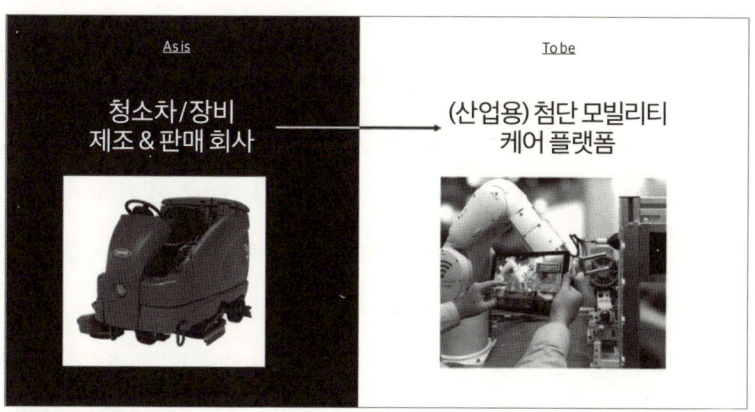

크린텍이 재정의한 업의 본질

다음과 같이 자신들의 업을 재정의하게 된다. 청소차/장비 제조 & 판매 회사에서 '(산업용) 첨단 모빌리티 케어 플랫폼 회사'로 말이다. CEO가 본인 머릿속에서만 그렸던 미래 지향점이 구성원들의 생각과 맞아떨어지는 순간이었다. 힘든 장기간의 여정이었지만 같은 방향으로 미래를 보게 된점이 중요하다. CEO 혼자가 아닌 구성원들과 함께 말이다.

마지막 단계, 새롭게 정의한 업의 본질을 '시각화'하라

어렵사리 업의 본질을 재정의했다고 해도 아직은 문서상으로만 존재하는 몇 개의 추상적인 단어에 불과한 상태다. 이것을 실체 있게 전개하기 위해서는 핵심 요소를 '시각화'하는 것이 필요하다. 시각화는 변화의 방향을 쉽고 직관적으로 구성원들에게 전달함과 동시에 구성원들의 자발적인 참여를 일으킬 수 있는 동기부여의 구심점 역할을 한다.

물론 기업의 니즈에 따라 시각화의 범위와 세부 사항은 유연하게 접근하는 것이 좋다. 예를 들어 크린텍의 경우에는 기업 브랜드가 다소 노화됐다는 문제의식 아래 '리브랜딩' 작업까지 확대해서 전개해야 했다. 하지만 브랜드는 건드리지 않고 '캠페인'만 전개해서 구성원의 마음에 변화를 이식하는 것도 충분히 가능하다. 이런 사례로 LG유플러스가 있다. 이 책의 50페이지에는 큰 예산을 들이지 않고도 업을 재정의하고 이를 통해 사업 성공을 일궈낸 LG유플러스의 방법론이 상세히 소개되어 있다.

크린텍의 경우에는 기존 CI(Corporate Identity: 기업 브랜드를 표현하는 로고를 포함한 시각적 요소들)가 만들어진 지 7년 정도 됐고 디지털 접점에서 활용하기에 불편함이 많아 리브랜딩이 자연스럽게 필요한 상황이었다. 업을 재정의하는 시점에 맞춰 노후된 기업 브랜드를 리뉴얼하면 둘 사이에 연계성이 높아 시너지 효과가 있다. 리브랜딩 작업은 디자인 자체를 세련되게 바꾸는 일 이면에 기업의 철학과 미래 방향성을 정의하고 담는 일이기도 하다. 결국 회사가 미래에 대해 자신의 업을 어떻게 정의하느냐가 리브랜딩의 가장 중요한 바탕이 된다.

크린텍의 경우 미래 방향성이 분명해졌으니 이제 시각화라는 결과물을 제대로 얻어내면 된다. 하지만 적절한 카피나 디자인적 시각화는 말처럼 쉬운 일이 아니다. 이 경우 대부분은 외부 디자인 전문가와 함께 일해야 하고, 좋은 안을 채택하는 안목이 필요하며, 단계별로 회사 내부의 컨펌을 받아야 하는 절차가 기다리고 있다. 제조업 베이스의 회사가 좋은 디자인 산출물을 만들기 위해서는 몇 가지 원칙이 있다. 관련 팁은 53페이지에서 네 가지로 정리했으니 참고하길 바란다.

드디어 가장 크린텍다운 결과물을 얻었다

　이런 디자인 개발 과정을 거쳐 크린텍은 CI 디자인을 그림과 같이 확정했다. 내부 구성원들의 회사에 대한 비전과 인사이트가 응축된 가장 '크린텍다운' 디자인으로 표현된 결과물이다.

　크린텍은 10명의 핵심 구성원과 모든 과정을 함께했기 때문에 새로운 브랜드에 대한 내재화도 시작부터 속도를 낼 수 있었다. CI 교체와 웹사이트 리뉴얼 등 눈에 보이는 변화보다 더 의미 있는 것은 일하는 방식과 조직 문화가 바뀌고 고객 중심의 신규 서비스와 혁신이 계속 이어지는 것이다. 컨설팅 이후 꽤 시간이 흐른 뒤 필자는 크린텍 CEO로부터 흐뭇한 후기를 들을 수 있었다. 기존에 도전하지 않았던 혁신적인 상품과 서비스 개발에 박차를 가하게 되었고, 유관 부서와 긴밀한 협업이 기업 문화로 자리잡게 되었다는 이야기였다. 하나로 합의된 명확한 업의 정의를 갖고, 고객에게도 같은 언어로 약속한 뒤 이를 성취하기 위해 조직이 한 마음으로 나아가는 힘은 실제 그 어떤 것보다 위대하다.

리브랜딩 없이 캠페인만으로 전환점을 만든 LG유플러스

✓ **LG유플러스는 내부 혁신 캠페인만으로 어떻게 한판 뒤집기에 성공했나**

우리나라 3대 통신사 중 만년 3위였던, 역사상 단 한 번도 3위를 벗어난 적이 없었던 LG유플러스가 최근 KT를 꺾고 2위로 우뚝 올라서며 화제가 됐다. 점유율 집계 방법에 문제가 있다고 KT에서 강하게 이슈 제기하고 있는 점까지 감안해보면 KT가 2위를 빼앗긴 사실에 얼마나 민감한지 유추할 수 있다. LG유플러스는 도대체 어떻게 제대로 '한판 뒤집기'를 할 수 있었을까? 해답의 핵심은 바로 다음 페이지에 소개되는 'WHY NOT?' 캠페인의 메시지에 숨어 있다.

 이 캠페인은 외부 고객을 향해 마케팅용으로만 전개한 것이 아니다. 내부 구성원들의 마음과 인식을 깨우는 '내부 혁신' 캠페인이기도 했다. 이 캠페인을 시작할 때 LG유플러스는 철저하게 고객의 목소리를 듣는 것에서 출발했다. 고객이 원하는 것은 '거창한 업계 1등, 2등이 아닌 나의 일상을 즐겁게 만들어주는 존재가 되는 것'임을 발견하고 이를 기반으로 업을 재정의하게 된다.

LG유플러스의 WHY NOT 마케팅 캠페인

LG유플러스가 새롭게 정의한 자신들의 업은 '고객 일상의 즐거운 변화를 주도하는 디지털 혁신 기업'이다. 통신 회사로 정의하지 않고 나니 업계 2등이니 3등이니 하는 것은 더 이상 의미가 없어졌다. 그보다는 어떻게 하면 고객의 일상이 더 즐거워질지 하나의 그 목적을 위해 모두가 함께 달리면 되는 상황이 된 것이다.

일상을 바꾸는 혁신은 꼭 크고 거창할 필요가 없기 때문에 내부 직원들의 자발적인 참여가 바탕이 되어야 했다. 'WHY NOT?' 캠페인을 내부적으로도 활발하게 펼치게 된 이유다.

 기업의 안과 밖으로 일관성 있는 메시지를 전개한 LG유플러스는 조직문화와 일하는 방식에 있어서도 서서히 눈에 띄는 변화를 만들기 시작했다. 그리고 얼마 지나지 않아 혁신적인 아이디어의 상품과 서비스가 개발됐고 그 결과가 매출로 나오기 시작했다.

이에 더해 한번 들으면 각인되는 강렬하고 심플한 카피 문구와 LG유플러스 디자인 아이덴티티를 자신감 있게 표현한 시각적인 요소가 구성원들에게 업의 정의를 지속적으로 상기시켜주었다. 게다가 고객에게도 이미 동일하게 선언하지 않았는가? 고객에게 알리면 그것 자체로 '더 강한 동력'이 된다. 고객과의 약속을 지켜야 한다는 사명감이 다시 구성원 각각에게 돌아와 혁신을 이끄는 강한 동인이 된 것이다. 이렇게 조직 내외부의 에너지가 한 방향으로 응축되면서 LG유플러스는 'WHY NOT?' 캠페인을 진행한 지 불과 몇 년 만에 경쟁사를 따돌리고 업계 2위로 올라서게 된다.

카피, CI 등 좋은 디자인 산출물을 얻기 위한 네 가지 접근법

✓ **첫 번째, '아름다움'보다 '기획 의도'에 집중하라**

인간의 본성상 아름다움에 끌리고, 내면에 나름의 '추구미'라는 것이 내재되어 있기 때문에 디자인 시안처럼 소위 '아트적인' 것을 보게 되면 자신도 모르게 한곳에 확 끌리는 현상이 발생한다. 하지만 우리가 만드는 브랜딩 디자인은 아트가 아니고 상업적 아웃풋이기 때문에 착각하면 안 된다. 우리의 기획 의도가 잘 표현되어 있는지가 가장 중요한 선택 기준이어야 한다. 같은 기획 의도라고 해도 최종 디자인을 얼마나 직관적으로 또는 은유적으로 풀었는가 정도의 변주는 용인할 수 있지만, 디자이너의 해석이 너무 멀리 가서 애초 기획 의도와 동떨어진 시안을 제안할 때도 많기 때문에 리뷰하는 사람이 중심을 잘 잡아야 한다. 따라서 브랜딩 디자인을 리뷰할 때는 프레젠테이션 초반에 우리가 합의한 브랜딩 전략과 업의 재정의를 포함한 브랜드 아이덴티티 핵심 요소들을 리마인드하는 시간을 갖는 것이 좋다.

✓ **두 번째, 기획 단계부터 참여하지 않은 직원을 리뷰 자리에 초대하지 마라**

이것은 흔하게 발생하지만 잘 인지하지 못하는 실수인데, 디자인 아웃풋을 고를 때 "어차피 우리 고객들도 브랜딩 디자인을 처음 만날 테니, 아예 내부 직원 중 이 프로젝트에 관여하지 않은 분들에게 고객이라 생각하고 선호도를 물어보자"라며 리뷰 자리에 그간 개발 작업에 참여하지 않는 직원을 초청하는 일이 종종 있다. 필자도 현장에서 많이 겪은 일인데, 이럴 경우 두 가지 측면에서 문제가 발생한다. 첫 번째, 초청된 사내 직원은 일반인이 아니기 때문에 우리가 원하는 고객의 순수한 시선과 100% 같을 수 없다는 점이다. 두 번째, 위에서 언급한 사항, 즉 기획 의도를 모르고 심미적 요소와 개인적인 취향에 근거한 판단을 하게 될 가능성이 높아서 그 사람들의 입김으로 인해 애초 의도한 바와는 동떨어진 방향을 선택하는 실수를 저지르게 된다. 대중에게 어필할지에 대한 사전조사가 필요하다면 이런 애매한 방법 말고 내부적으로 선정된 디자인 콘셉트를 기반으로 몇 가지 옵션을 만들어 별도로 대중 대상의 선호도 조사를 하는 방법을 추천한다.

✓ **세 번째, 선택보다 중요한 것은 '선택의 이유'이다**

디자인 시안을 리뷰하는 미팅을 진행하면 참석자들이 시안에 대해 각자가 선호하는 안을 밝히고 의견을 취합하는 세션을 가지기 마련이다. 이때 정말 중요한 것은 어떤 시안이 얼마만큼 많이 선호되느냐보다 왜 선호되는지, 왜 그 안을 참석자들이 선택했는지 이유를 명확하게 파악하는 일이다. 선택 이유를 듣다 보면 이 시안이 나오게 된 배경인 기획 방향을 되짚어보게 되고 우리가 전하고자 하는 바가 해당 시안에서 어떻게 구현됐는지를 다시 곱씹어보는 효과가 있다. 브랜딩은 단편적인 로고 하나, 문구 한 줄로 불쑥 시장에 선보이는 게 아니라 여러 다양한 접점을 통해 오랫동안 노출되고 누적됨으로써 고객에게 어필하려는 효과를 노리고 만들어진다. 따라서 다양한 노출 접점에서 활용될 브랜딩 디자인의 역할을 감안해 여러 각도에서 의견 수렴을 하다 보면 보다 최적의 대안을 고를 수 있다.

✓ 네 번째, 여러 각도로 풀어온 시안들 중 2, 3개를 선택해 집중 디벨롭하라

보통 1차 시안 리뷰에는 다양한 각도로 해석한 복수의 디자인 옵션들이 제안된다. 즉 1차 리뷰에서는 각 안에 대한 다양한 생각이 교환되고 이를 통해 의견이 모아지게 된다. 이 내용이 디자이너에게 전달되면 시안을 고민하면서 쌓은 본인의 해석 위에 클라이언트의 생각이 중첩되면서 한 번 더 영감을 얻게 된다. 이때 1차 리뷰에서 나온 여러 의견을 바탕으로 시안을 2, 3개로 좁혀서 심화 개발을 의뢰하는 것이 필요하다. 디자이너의 창의성이 제대로 발현되게 하려면 작업 범위를 너무 넓히지 말고 좁혀주되 그 속에서 완성도를 높이는 방향으로 진행하게 하는 것이 좋다. 만에 하나 제안된 모든 안이 기획 의도와 맞지 않고 심미적으로 문제가 있다면 전면 수정을 요청하는 것도 필요하다. 이런 요청 역시 1차 리뷰 단계에서만 할 수 있다. 이미 별로라고 느낀 아이디어인데 그런 상태에서 진도를 나간들 시간 낭비가 될 가능성이 높기 때문이다. 이런 예외적인 상황이 아니라면 1차 리뷰 이후 가이드라인을 명확히 제시하고 작업 범위를 좁혀주어 디자이너의 역량이 집중되도록 하는 것이 필요하다.

03 RESEARCH & BENCHMARK

구조화된 리서치는 어떻게 라벤더 포인트를 만드는가

나에게 6시간을 주고 나무를 자르라고 하면
처음 4시간은 도끼를 날카롭게 하는 데 쓸 것이다.

"GIVE ME SIX HOURS TO CHOP DOWN A TREE AND I WILL SPEND
THE FIRST FOUR SHARPENING THE AXE."

by 에이브러햄 링컨(제16대 미국 대통령)

RESEARCH 리서치 설계의 차별화로 라벤더 포인트를 찾은 사례

SK와이번스의 '이기는 야구' 아이덴티티 탄생

필자는 한때 'SK와이번스' 야구단의 '브랜드 리바이탈라이제이션 TF'에 커뮤니케이션 조직장으로 합류한 적이 있다. 프로젝트의 목표는 야구단의 브랜드 아이덴티티를 재수립하는 것. 이 프로젝트의 성공 요인은 세 가지 정도로 압축할 수 있는데 아래에서 하나씩 확인해보자.

● **SK와이번스 야구단의 브랜드 아이덴티티 재수립**
당시 SK와이번스 야구단은 연봉 높은 선수층을 보유해 좋은 성적을 내고 있었지만 중계료나 관중 수 등 충성도를 나타내는 지표에서는 다른 구단에 밀렸다. 구단의 특성을 명료하게 만들고 팬심을 하나로 모을 브랜드 아이덴티티가 절실했다.

구조화가 잘된 리서치는 라벤더 포인트를 건드릴 수 있다

　신상품 론칭이나 브랜드 아이덴티티를 찾을 때 맨 먼저 하게 되는 일은 아마 벤치마킹과 리서치일 것이다. 대개는 글로벌 시장조사와 업계 전문가 인터뷰, 소비자 대상의 정성·정량 조사, 소셜미디어 분석 등을 포함한다. 예산을 고려해 이 네 가지 중 한두 가지만 진행하기도 하지만 중요한 프로젝트의 경우에는 이 넷을 다 하게 된다.

　아마 이 글을 읽는 리더들은 업체에 리서치를 맡겨놓았다가 결과물에 실망한 적이 많을 것이다. 다 아는 이야기만 늘어놓을 뿐 어떤 인사이트도 주지 못하는 리서치는 대체 무엇이 잘못된 것일까? 결론부터 말하면 리서치는 죄가 없다. 다만 리서치를 설계하는 과정이 치밀하지 못했기 때문에 들으나 마나 한 결론이 나온 것이다.

　리서치 설계를 흔히 설문지 문항을 만들거나 설문 타깃을 정하는 등의 좁은 의미로 해석하기 쉬운데, 리서치 전체의 절차를 구성하는 확장된 의미로 쓰여야 한다. 즉 정성·정량 조사의 범위를 정하고, 업계 전문가 중 누구를 만날 것인지, 버즈(Buzz) 분석을 위해 어떤 소셜미디어를 택할 것인지, 어디를 벤치마킹할 것인지를 정하는 일이다. 건축에서 설계도가 중요하듯 리서치도 설계가 가장 중요하다.

리서치 이전에 사전 인터뷰와 벤치마킹을 배치했다

　SK와이번스 프로젝트의 경우 리서치 설계의 차별화 포인트는 사전 인터뷰와 벤치마킹 스터디를 앞단에 배치해 뒷단의 리서치를 고도화하고 풍부하게 만든 점이다. 정성·정량 조사에 들어가기 전 업계의 스테이크홀

더(Stakeholder: 이해관계자)를 사전 인터뷰해 야구단의 현황과 포지셔닝, 미디어에 보도되지 않았던 평판, 야구팬들의 변화 등을 자세히 듣고 난 뒤 예비 가설을 수립하고 이를 정성·정량 조사의 설문 문항에 반영했다. 즉 인터뷰를 통해 하나의 가설을 세우고 이를 다음 단계의 정성 조사를 통해 검증할 수 있도록 설계한 것이다. 가설과 검증이 반복되며 인사이트가 강화되도록 한 이 같은 '구조화된 리서치'는 프로젝트 성공의 핵심 키가 됐다.

<표 1>의 리서치 풀(Research Pool)을 보면 알겠지만 이 프로젝트는 경쟁자를 1차, 2차, 3차까지 확장시켜 사고했다. 즉 업계의 고정 경쟁자뿐만 아니라 다른 카테고리까지 경쟁자로 상정하고 심도 있는 인터뷰를 진행한 것이다. 야구의 경쟁자는 축구인가? 국내 프로야구 구단의 경쟁자는 다른 구단인가? 경쟁자 카테고리도 중요하지만 '고객의 시간을 점유하는(Share of Time)' 관점에서 본다면 닌텐도 게임기, 엔터테인먼트 산업, 심지어 자사 중계까지도 직관 야구의 직간접 경쟁자가 될 수 있는 것이다.

이런 관점에 따라 표에서 보는 것처럼 앞단의 인터뷰에 야구 전문가는 물론 엔터테인먼트 산업 종사자, 게임 회사 마케터, 스포츠기자뿐만 아니라 엔터 산업 전략가도 포함했다. 이같이 확장된 리서치 풀은 TF 팀원에게 프로야구에 대한 확장된 사고를 심어주었고, 뒷단의 정량·정성 조사에 깊은 영감을 주게 됐다.

이해를 돕기 위해 해당 프로젝트에서 사용한 리서치 풀을 공개한다.

전문가 인터뷰	정성 조사 1	정성 조사 2	정량 조사	소셜미디어 분석	벤치마킹 스터디
야구 전문가 인터뷰 K스포츠 해설가 M기자 A구단 마케팅 담당 W과장 Y음료사 S팀장 이종 산업 전문가 인터뷰 엔터테인먼트 업종 (SM 전략 담당자 등)	프로야구 팬 총 8그룹 FGI SK팬 2그룹 타 구단 팬 4그룹 잠재고객 2그룹	SK 임직원 인터뷰 SK 계열사 임원 SK 계열사 야구 동호회 회원	프로야구 팬 총 1100명 대상 (SK팬 300명 + 각 구단 팬 100명) 잠재고객 50명 이탈고객 50명	프로야구 버즈 분석 수집 채널: 엑스(720만 계정), 페이스북(500만 계정) 파워 블로거 (18만 계정) 수집 기간: 2013년~2014년 4월 (13개월간)	SF Giants CIO (Bill Schlough) MLB Analytics 전문가 (Vince Cennert) 구단 마케팅 전문 Sports Consulting사 CEO MLBAM Director of Baseball Initiative

<표 1> SK와이번스 브랜드 아이덴티티 재정립을 위해 사용한 리서치 풀

벤치마킹은 깊이 파면 팔수록 핵심에 근접한다

이 프로젝트의 또 하나의 성공 요인은 '고도화된 벤치마킹'이었다. 대개의 벤치마킹은 국내외 상위 회사의 특장점을 비교하고 분석하는 차원에서 끝난다. 이 정도의 벤치마킹으로는 1등 상품의 콘셉트나 차별화 포인트는 파악할 수 있지만 진정한 성공 비밀에 도달하기는 어렵다.

프로젝트의 벤치마킹 대상자인 MLB의 진정한 비밀에 도달하기 위해 우리와 프로젝트를 함께한 컨설팅 펌 담당자들은 MLB 브랜드를 샅샅이 뒤졌다. 브랜드 아이덴티티 사례와 적용 방법, 팬들의 호응과 선호에 대해 전방위적인 벤치마킹을 실시한 것. 광범위한 조사를 위해 야구 분석 사이트부터 팬카페, 야구 전문지와 대학MBA 수업 자료까지 뒤졌다. 이같이 탄탄하고 수준 높은 데스크 리서치(Desk Research: 정보를 찾고 분석하는 조사기법)는 이후 직접 MLB 관계자를 만나 인터뷰하는 자리에서 빛이 났다. 일반적이고 평범한 질문을 던지는 것에서 벗어나 보다 날카롭고 핵심적인 질문을 할 수 있게 된 것이다.

양이 역치를 넘기면 질이 달라진다. '양질 전환의 법칙'은 벤치마킹에도 통한다. 앞서 말했듯 우리의 벤치마킹은 산업 분석과 1등 브랜드의 특성 파악에 그치지 않았다. 산업생태계, 트랙 레코드(Track Record: 어떤 사업이나 실적이 지나온 흔적) 등 갈 수 있는 끝까지 가서 샅샅이 파악했다. 이렇게 정보의 저수지를 가득 채운 다음 그 정보를 살아 있는 생명체로 바꾸기 위해 관련된 사람을 모두 인터뷰하는 과정도 거쳤다. 인터뷰를 통해 나온 말들은 정보를 스토리로 만들어서 보다 구체적인 솔루션을 찾을 수 있도록 도와줄 뿐 아니라 TF 팀원에게 강력한 인사이트를 주었다.

여기서 잠깐, 우리가 벤치마킹했던 MLB의 아이덴티티를 살펴보자. MLB는 야구가 팬에게 어떤 존재인지 찾기 위해 위에 언급한 많은 리서치 방법을 동원했고, 그들이 찾은 아이덴티티는 바로 '아버지와 함께한 추억'이었다. 야구라는 피 말리는 승부전을 상상해볼 때 '아버지'와 '추억'이라는 숨겨진 욕구는 얼마나 이질적이면서 창의적인가? 이 발화점을 찾기까지 MLB 마케팅 팀의 리서치는 집요함의 끝을 몰랐다고 한다.

그렇다면 어느 정도의 심도로 FGI를 해야 할까

FGI(Focus Group Interview: 질적 연구 방법 중 하나로, 5~10명의 사람들을 동시에 인터뷰하는 것)는 적정 타깃을 모은 뒤 모듈레이터의 진행하에 고객의 의견을 심도 있게 들어보는 정성 조사의 핵심 툴이다. 여기서

<표 2> 벤치마킹과 현지 인터뷰를 통해 추출한 MLB 고객 관련 인사이트

심도란 어느 정도의 심도일까? 원하는 심도를 이끌어내려면 어떤 구조를 가지면 될까?

FGI 그룹은 선별해서 모인 사람들이지만 당일 처음 만난 생판 모르는 남남이다. 서로 모르기 때문에 속 이야기를 쉽게 꺼낼 거라고 자신할 수 있을까?

여기서 한번 생각해보자. 모인 사람들이 '여기선 어떤 이야기를 해도 안전하겠구나'라고 느끼며 다소 껄끄러운 이야기도 할 수 있고 아주 솔직하게 브랜드와 서비스에 대한 속마음도 이야기할 수 있게 하려면, 게다가 주최자가 미처 생각하지 못한 이야기까지 끌어내려면 FGI를 어떻게 변용해야 할까?

'Deep Dive FGI'가 만들어낸 인사이트

당시 TF 팀은 심도 있는 FGI를 위해 여러 층위의 사람을 한꺼번에 모으는 것이 아니라 그룹을 아주 잘게 쪼갰다. 자신의 솔직한 마음을 들켜도 괜찮은 사람들로만 그룹을 구성한 것이다. 일명 'Deep Dive FGI'다.

예를 들어 한 그룹은 SK와이번스 팬만 모아 FGI를 구성했다. 이렇게 순도 높은 FGI를 구성한 이유는 SK와이번스 팬의 마음속 깊이 잠재한 정말 원하는 SK와이번스의 모습은 무엇일까를 추출해보고 싶었기 때문이다.

한국 프로야구의 핵심 로열티는 지역 연고로부터 나온다. 특히 원년 창립 멤버인 타이거즈, 베어스, 라이온즈, 자이언츠 등은 지역 기반의 두껍고 강력한 팬덤이 그 구단의 아이덴티티를 구성하고 있다 해도 과언이 아니다.

반면 SK와이번스는 지역 연고가 비교적 약하고, 주요 팬층도 타 구단 대비 젊은 편이며, 여성 팬 비율이 높다는 특색을 띠고 있었다. 따라서 SK와이번스 팬덤은 지역 연고에 의한 원초적인 로열티보다는 다른 뭔가가 팬덤을 만드는 요소일 거라는 가설을 세웠는데 그 가설은 FGI를 통해 검증됐다.

그것은 바로 '이기는 야구'에 대한 열렬한 선호였다. SK와이번스 팬들은 노력으로 다져진 실력을 통해 이기는 야구를 구사하는 강한 SK와이번스의 이미지를 내재화하길 원했다.

사실 FGI에서 "전 이기는 팀이 좋습니다" 이렇게 말하기는 쉽지 않다. 스포츠맨 정신에 위배되는 것 같고, 자신의 구단 사랑이 일차원적이라고 다른 사람들이 생각할까 봐 애써 좀 더 그럴듯한 선호 이유를 밝히는 경우가 많다. 예를 들어 "구단이 지향하는 가치가 좋습니다", "어린 시절부터 좋아해서 지금도 좋아합니다"처럼 말이다.

하지만 SK와이번스의 팬들은 그런 이유보다는 후발주자지만 정교한 기술력과 감독의 리더십을 통해 한국시리즈 우승을 여러 번 거머쥔 히스토리에 자부심을 가졌고 그 자체가 아이덴티티가 되길 바랐다.

순도 높은 FGI는 이렇게 팬들의 진심을 끌어낼 수 있어 매우 효과적일 수 있다. 그렇다면 이제는 최초의 숙제, 즉 새로 정립된 SK와이번스의 아이덴티티가 무엇인지 결과물이 궁금할 시점이다. TF 팀은 SK와이번스의 '이기는 경험'을 어떻게 구단의 자산으로 만들고 아이덴티티로 정립했을까?

리서치와 결합해야 할 요소=자신만의 핵심 강점

'이기는 야구'라는 다소 일반적인 아이덴티티 요소를 어떻게 구단만의 것으로 튜닝할 수 있을까? 이 질문의 답을 찾기 위해 TF 팀은 내부의 경쟁적 요소를 살피기로 했다. 당시 SK그룹이 가진 핵심 속성은 바로 'ICT (Information & Communication Technology) 리더'라는 점이었다.

사실 현대 야구는 데이터 야구다. 각 선수들의 신체 수치는 물론 경기 중 발생하는 모든 상황에 대한 데이터, 즉 출루율, 각 투수의 구질과 볼의 속도와 볼배합 습관, 타자의 스윙 각도와 최빈도 타격 지점, 투수와 포수 간 시너지 등 모든 데이터를 가능한 한 정교하게 모은다. 이를 근거로 선수 라인업과 타격 순서를 정하고 투수의 구질을 분석해 최상의 퍼포먼스로 이끌어가게 한다. 이 모든 것이 이기는 야구가 되게 하기 위한 테크놀로지와 데이터의 지원 전략이다. 이를 가장 잘 구현할 수 있는 구단이 바로 SK 그룹의 지원을 받는 와이번스인 것이다. 따라서 이기는 야구 SK만의 팀 아이덴티티 구현 방향은 아래와 같이 정해졌다.

'스마트 센세이션', ICT 기반 데이터 중심의 '스마트'한 야구를 지향하는 구단. 이를 중심으로 아래와 같은 슬로건을 만들고 SK와이번스의 새로운 브랜드 하우스도 정립했다.

이에 더해 새로운 아이덴티티의 핵심인 '스마트'의 실제 구현을 위한 투자도 단행했다. '스페이스 어뮤즈먼트(Space Amusement: 공간이 주는 즐거움)'라는 테마 아래 물리적인 공간과 가상공간의 즐거움을 극대화하려는 새로운 시도를 시작한 것이다. 이런 확장은 FGI와 내부 경쟁력 조사를 통해 '스마트'라는 아이덴티티를 찾았기 때문에 가능했다.

아이덴티티 재정립 작업 후 많은 변화가 있었지만 가장 드라마틱한 변화는 야구 경기장(Ball Park) 내부에서 만들어졌는데 그 화룡점정이 전

새로 만들어진 SK와이번스의 슬로건 'SMART PLAY, PLAY SMART'

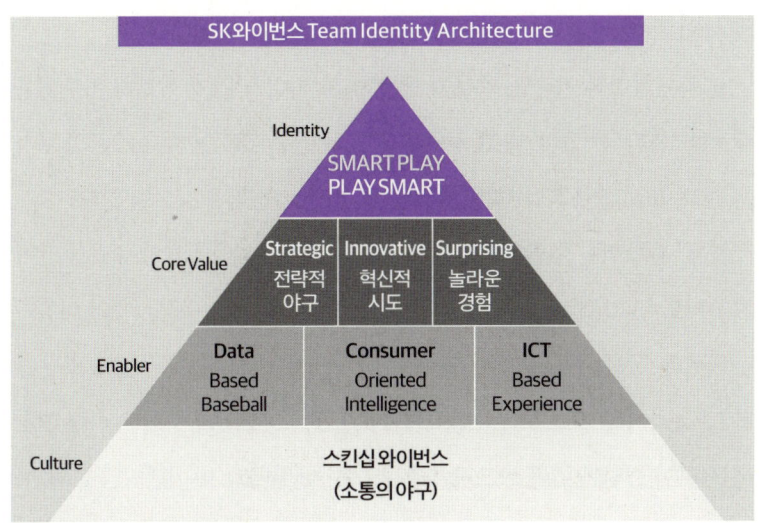

새로 정립한 SK와이번스의 브랜드 하우스

광판의 ICT화였다.

야구 경기의 모든 것을 디스플레이에 담는다는 목표 아래 각종 데이터를 실시간으로 보여줌과 동시에 관객과의 빠른 소통이 가능한 플랫폼 역할의 전광판을 설치한 것이다. 이는 전 세계에서 가장 큰 전광판이었고 새롭게 리뉴얼된 브랜드 아이덴티티를 효과적으로 각인시키는 데 큰 역할을 해냈다.

아이덴티티의 현실화를 위해 새로 소프트웨어를 구축하기도 했다. 각 선수들의 실시간 데이터는 물론 고객의 흥미를 끌 만한 콘텐츠 그리고 고객 소통 프로그램 운영 등 디스플레이에 걸맞은 여러 액티비티를 구현했다. 말 그대로 새로운 브랜드 슬로건인 'SMART PLAY, PLAY SMART'의 현실화 작업이었다.

리서치로 찾아낸 '이기는 야구', 나비효과를 불러오다

　SK와이번스의 이러한 투자는 당시 다른 여러 구단의 행보에 비추어볼 때 매우 선진적이었다. 다른 구단도 팬과 구단을 위해 제각각 나름의 투자를 하고 있었지만 SK와이번스의 사례는 많은 차별점을 갖고 있었다.

　첫째, 경쟁 범위를 글로벌로 넓힌 점이다. 국내를 넘어 해외 유명 구단과 겨루어도 결코 뒤처지지 않는 명문 구단을 만들겠다는 구단 측의 의지가 강력했다. 둘째, 필요할 때마다 프로젝트를 띄워 조각조각 나뉘도록 운영한 것이 아니라 기초부터 탄탄히 하기 위해 아이덴티티 수립을 선행했다. 예산은 꽤 들지만 이런 프로세스는 조사와 벤치마킹, 아이덴티티 기획, 마지막 실행까지 일관성을 갖도록 만들어준다. 이는 SK와이번스가 가장 단단한 브랜드 아키텍처를 가진 구단이 되도록 하는 데 일조했다.

　2018년 한국시리즈 우승 기록을 세운 SK와이번스는 그룹의 사업전략 방향에 따라 2021년 신세계그룹에 매각되며 SSG랜더스로 구단명이 변경된다. 비록 구단명은 바뀌었지만 인천 지역 연고, 스타디움, 소속 선수들까지 그대로 명맥을 이어갔다. 쌓아온 내부 경쟁력을 바탕으로 2022년 SSG랜더스는 창단 2년 만에 한국시리즈 우승을 거머쥐게 된다.

　야구단의 브랜드 아이덴티티 작업은 한국에선 그리 흔한 일이 아니다. 이런 대형 프로젝트의 진행과 나름의 성공 뒤에는 구단 측의 투자 의지와 프로젝트 운영 방식의 혁신성, 기획부터 실행에 이르기까지 일관성 유지 등 다양한 요인이 작용했다. 이 중에서도 가장 핵심은 역시 나를 알고 상대를 알고자 했던 맨 앞단의 조사와 벤치마킹이었고, 이것을 혁신적으로 구조화시키고 새롭게 설계한 것이 이 프로젝트의 라벤더 포인트였다.

04 WORKSHOP

'또 워크숍?'이 '와, 워크숍!'이 될 때 하나의 발화점은 탄생된다

비즈니스에서 위대한 일은 한 사람이 하는 것이 아닌
한 팀의 사람들이 하는 것이다.

"GREAT THINGS IN BUSINESS ARE NEVER DONE BY ONE PERSON;
THEY'RE DONE BY A TEAM OF PEOPLE."

by 스티브 잡스(기업인)

WORKSHOP① 워크숍을 통해 라벤더 포인트를 찾은 사례

질 좋은 워크숍으로 신상품 콘셉트를 도출한 신성이엔지

물리적 결합의 워크숍 vs 화학적 결합의 워크숍

 '일하는 방법'에 있어 최근 눈에 띄는 변화 중 하나는 다양한 비즈니스 분야에서 워크숍 활용이 부쩍 늘었다는 점이다. 루틴한 월례회의나 필요할 때마다 진행하는 미팅만으로는 '평이한 정답'에 이르다 보니 워크숍이라는 형태를 활용하기 시작했다.

 문제는 여러 사람의 아까운 시간을 끌어모아 워크숍을 진행했지만 정작 아웃풋이 그저 그렇게 나올 경우다. 아웃풋 퀄리티를 높이는 방법은 모른 채 워크숍만 자주 열게 되면 그야말로 최악의 상황이 연출된다. 이런 상황이 반복되면 구성원 사이에서는 '또 워크숍? 그 시간에 내 일을 하는

게 나을 듯' 하는 마음이 저절로 들 수밖에 없다.

따라서 워크숍은 꼭 필요한 순간에만 필살기로 쓰는 중요한 전략무기여야만 한다. 일단 진행하게 되면 워크숍 자체의 풀 퍼텐셜(Full Potential)을 최대한 활용해 그 과정에서 확실한 라벤더 포인트를 만들어내야 한다. 여기서 라벤더 포인트를 만드는 워크숍의 핵심은 한 부서 한 부서가 모여서 어젠다대로 착실하게 토론한다는 '물리적 결합'의 개념이라기보다 상호 토론 중에 아이디어가 상승작용을 일으키는 '화학적 결합' 개념에 가깝다.

화학적 결합을 만드는 워크숍 진행 노하우의 핵심은 무엇일까? 필자가 최근 진행한 컨설팅 프로젝트인 신성이엔지의 신제품 공기청정기 '퓨어루미' 사례를 통해 워크숍의 핵심 노하우 네 가지를 알아보자.

돈, 시간, 인원이 부족한 기업에게 워크숍은 절박한 기회

퓨어루미는 판매채널이 주로 B2B이고 마케팅 예산이 많지 않아 일반인에겐 낯설 수 있는 브랜드다. 유명한 브랜드 사례가 아닌 퓨어루미를 자세하게 소개하는 이유는 돈도, 시간도, 인원도 부족한 기업이야말로 '이틀간의 워크숍'이 갖는 가치가 매우 크기 때문이다. 워크숍으로 반드시 좋은 아웃풋을 끌어내야 한다는 부담감과 난도가 높았고, 이런 절박함 때문에 워크숍의 가치가 분명히 드러났다. 그럼 구체적인 이야기를 지금부터 하나씩 풀어가 보자.

미세먼지 한 톨이라도 유입될 경우 치명적인 품질 오류를 일으킬 수 있는 반도체 공장 건물의 공조시스템 및 공조설비를 구축하는 B2B 회사 신성이엔지는 공기정화 기술력에 있어서는 국내 최고 수준이었다. 다만 수

주 타이밍을 수동적으로 기다려야 하는 B2B 사업 모델만으로는 경쟁력에 한계가 있음을 깨닫고 B2C 비즈니스 역량을 키워보기로 결심하게 된다. 이렇게 해서 개발된 신제품이 퓨어루미다. 퓨어루미의 특징을 한마디로 설명하면 "국내 최초 조명 일체형 천장 빌트인 공기청정기"다. 기존의 빌트인 공기청정기를 설치하려면 천장을 뜯는 대대적인 공사를 해야 하는데 이 제품은 기존 조명 위치에 설치할 수 있어서 빌트인치고는 상당히 간단하다는 것이 강점이다. 물론 일반 가정, 학교와 사무실에서도 사용할 수 있는 제품이다.

기존 공기청정기와는 확실하게 차별화된 제품이라고 생각한 R&D 팀에서는 신성이엔지의 우수한 공기 청정 기술을 기반으로 자신 있게 제품을 개발, 생산했다. 바야흐로 본격 시판을 위해 영업 팀과 마케팅 팀에 신제품을 소개하고 이후 프로세스를 인계하고자 했는데 문제는 여기서 시작됐다.

마케팅 팀에서 생각하는 제품의 키 메시지(Key Message)와 영업 팀이 거래처에 설명하는 키 메시지가 달랐던 것. 회사에는 메시지를 통일해줄

인력이나 여력이 부재해 거래처와 고객 간 혼선이 커졌고, 팀 간 시너지는 떨어졌으며, 당연히 신제품 성공에 대한 확신이 줄어들었다.

결국 필자의 컨설팅 팀이 투입되어 5개 부서 담당자들과 워크숍을 가졌다. "신제품의 어떤 점을 부각하는 것이 비즈니스 성공을 위해 가장 적절할까요?" 하는 질문을 던졌고, 각 부서마다 아래와 같이 다른 답을 냈다.

- **R&D** "공기청정기 기술력은 어떤 제품이든 큰 차이가 없어요. 우리 기술력이 더 우수하다고 하는 건 위험해요."
- **상품기획** "어렵게 조명업체를 발굴해서 협업했으니까 조명의 우수성도 잘 부각되면 좋겠어요."
- **세일즈** "공기청정기와 조명을 각각 사는 것에 비하면 우리 제품은 조명이 거의 공짜인 셈이니까 가성비를 강조합시다."
- **마케팅** "인테리어가 중요한 시대니까 천장에 붙는 빌트인을 강조해서 디자인 기반의 새로운 라이프스타일을 제안하면 좋겠어요."
- **홍보** "이 제품만 있는 게 아니니까 우리 회사의 기술력을 강조해서 기업 이미지를 높이는 건 어떨까요?"

부서별로 생각하는 특장점이 달랐고, 우리는 이틀간의 워크숍을 통해 이 제품에 들불을 일으킬 단 한 가지 라벤더 포인트를 찾아내야만 했다. 결론부터 말하면 워크숍은 대성공이었는데, 이제부터 워크숍의 진행 방식과 최적 의견 도출 방식을 하나하나 살펴보자.

똑같은 형식의 템플릿을 구성원 모두가 작성하게 하라

워크숍에서 논의가 산으로 갔던 경험이 얼마나 많은가? 라벤더 포인트를 도출하기 위한 워크숍의 핵심은 구성원 모두가 주어진 토론 주제에만 집중하도록 만드는 하나의 장치를 찾는 것이다.

이런 장치의 하나로 잘 만들어진 템플릿을 사용할 수 있다. 주제에 맞게 잘 고안된 템플릿은 구성원 모두가 같은 언어를 쓰도록 하면서 같은 진도로 아웃풋을 도출하게 만들어준다. 즉 템플릿의 흐름에 따라 구성원의 생각과 말이 함께 흘러서 논의가 집중되는 것이다.

구글 검색만 하면 수십 가지 템플릿이 뜨기 때문에 다른 설명은 생략하겠다. 다만 라벤더 포인트를 찾기 위한 워크숍이라고 하면 한 가지를 꼭 강조하고 싶다. 반드시 심플해야 한다. 복잡한 템플릿을 여러 장 채우는 방식보다 딱 1장이지만 이것의 내용물을 85점이 아닌 100점짜리로 만들어야겠다고 생각하고 접근해야 라벤더 포인트와 만날 확률이 높다. 평소 다른 부서, 다른 분야에서 일하던 고수들을 모아놓고는 복잡한 템플릿을 사용하면 이를 소화하는 데 시간을 낭비하기 십상이다.

직접 써보면 진가를 아는 '콘셉트보드'

퓨어루미 사례에서 사용된 템플릿은 콘셉트보드(Concept Board)였다. 아래에 예시된 것처럼 콘셉트보드는 딱 1장으로 심플하게 제작했다. 이것은 필자들이 개발한 템플릿이 아니다. 유수의 회사에서 이미 십수 년간 활용하고 충분히 검증한 방식이다.

원래는 P&G 같은 소비재 회사에서 먼저 활용하기 시작했는데 요즘은

제목
(드디어 나왔습니다.)

도입
(고객님, 이거 필요하셨죠?)

가치제안
(저희가 자신 있게 해답을 드립니다!)

기술적 근거
(진짜 그게 가능해? 어떻게?)

보충 설명

워크숍 참석자에게 배포된 콘셉트보드 템플릿

아마존 같은 빅테크 기업의 신규 서비스 아이디어 개발에도 비슷한 형식이 활용되고 있다. 콘셉트보드는 직관적이기 때문에 대개는 바로 작성을 시작할 수 있다. 다만 작성하다 보면 주의 사항이나 헷갈리는 포인트가 있을 수 있는데 이건 이 책의 마지막 부분에 콘셉트보드 작성 시 항목별 주의 사항, 콘셉트보드를 제대로 쓴 것인지 점검할 수 있는 체크 포인트를 부록으로 정리해두었으니 참고하면 된다(188p).

다시 퓨어루미 사례로 돌아와 우리는 워크숍 초반에 시장, 고객 및 사업 현황에 대한 인사이트를 정리한 뒤 이어서 각 구성원별로 '내가 밀고 싶은 퓨어루미의 신제품 마케팅 콘셉트'를 1장의 동일한 템플릿을 놓고 작성하기 시작했다. 콘셉트보드의 핵심 중 하나는 "직접 써봐야 진가를 알게 된다"는 것이다. 챗GPT 같은 생성형 AI가 알아서 써주는 세상인데 흰 종이를 놓고 맨땅에 헤딩하듯이 써보라고 하면 구닥다리로 느껴질 수도 있다.

하지만! 콘셉트보드는 반드시 스스로 직접 써봐야 한다. 논리의 흐름이 어디에서 막히는지, 어떤 부분에서 고객에 대한 정보와 고민이 부족했는지, "머리를 짜내도 별게 없다"는 자기반성까지, 쓰는 과정에서 많은 고민과 인사이트가 생긴다.

이런 과정은 놀랍게도 '나는 이걸 이렇게 쓰느라 머리를 싸맸는데 저 사람은 어떻게 썼는지 한번 볼까?'라는 호기심을 불러일으키고, 워크숍에 집중하는 계기를 만들어준다. 또한 다른 사람의 아이디어를 듣고 자신의 생각이 변화되거나 안 풀렸던 부분이 연결되기도 한다.

참석자들은 각자 밀고 싶은 콘셉트를 콘셉트보드에 정리했고 이것을 다른 사람 앞에서 발표하는 순서를 거쳤다. 광고대행사가 경쟁 PT하듯 적극적으로 자신의 아이디어를 팔도록 유도했다.

하지만 키 콘셉트는 도출되지 않았다…

각자 자신의 콘셉트보드를 발표하고 보완점을 논의했지만 뭔가 '이거다!' 하는 한 가지를 도출하지는 못했다. 누구는 라이프스타일을, 다른 누군가는 기술력을, 또 다른 이는 가성비를 강조하는 콘셉트보드를 만들었지만 그 어떤 것도 모두의 마음을 완벽하게 사로잡지는 못하는 애매한 상황이었다.

아마도 낯선 상황은 아닐 것이다. 확 잡히는 콘셉트를 도출하지 못한 채 론칭 일정에 떠밀려 출시한 제품이 얼마나 많은가. 문제는 끝내 라벤더 포인트를 찾지 못하고 제품을 출시할 경우 생산비와 물류비, 마케팅비를 고스란히 쓰면서도 생각보다 제품 판매가 안 되어 리스크가 커질 수 있다는 점이다. 이것이 시간이 걸리더라도 신제품 출시 전에 라벤더 포인트를 찾아야 하는 절실한 이유다.

희망적인 것은 참석자 모두가 같은 생각을 하게 됐다는 점이다. '내가 쓴 콘셉트도 다른 사람이 쓴 콘셉트도 딱히 나쁘진 않지만 그렇다고 박수 칠 정도로 멋지지도 않은데? 그럼 어떻게 이걸 더 멋지게 만들 수 있지?' 이런 생각을 빠르게, 절실하게 하도록 한 중요한 계기가 바로 모든 사람이 같은 언어를 쓰고 같은 방향을 보게 만들어준 콘셉트보드라는 템플릿의 힘이다.

참석자들은 워크숍이 끝날 때까지 이 1장의 템플릿을 질리도록 끈기 있게 펼쳐놓은 채 논의를 진행했다. 그리고 워크숍 말미에 마침내 모두가 원하는 라벤더 포인트를 찾아내면서 5명의 참석자는 힘을 합쳐 1장의 콘셉트보드를 만들어내게 된다. 완성된 최종 콘셉트보드는 이 챕터 뒷부분에서 확인할 수 있다(85p). 지금은 그 과정에서 어떤 일들이 벌어졌는지 좀 더 이야기해보자.

폭발력을 가진 발상은 숙성의 시간이 필요하다 → 워크숍을 2, 3회로 나눠라

하루 종일 머리를 맞대고 계속 토론하면 좋은 아이디어를 쥐어짤 수 있다고 생각하기 쉽지만 라벤더 포인트를 발견하려면 사실 '일정한 간격을 두는' 것이 더 효과적일 수 있다. 한 차례 격렬한 토론을 벌인 후 2, 3일 지나 워크숍을 재개하면 그사이 자신의 주장이나 타인의 콘셉트보드를 곱씹고 숙성시키는 기회를 갖게 되어 인사이트를 제고하는 결과를 가져올 수 있기 때문이다.

퓨어루미 사례에서도 비슷한 전략을 사용했다. 이틀 워크숍을 진행하면서 첫째 날은 Part 1, 둘째 날은 Part 2로 나누고 마치 2개의 워크숍을 하는 것처럼 구성했다. 워크숍 이름도 아예 다르게 붙였다. 첫째 날은 Brain Day로, 둘째 날은 Heart Day로 말이다. 비록 일정상 Part 1과 Part 2 사이에 며칠의 간격을 두지는 못했지만 하룻밤의 숙성은 분명 참석자들에게 의미 있는 변화를 만들어주었다.

"자, 오늘 Brain Day에서 예정된 어젠다는 모두 소화가 됐습니다. 내일은 Heart Day입니다. 오늘 많은 이야기가 오갔지만 고객의 마음을 얻기에는 한 방이 부족하다고 느끼셨죠? 숙소에서 쉬면서, 샤워하면서, 자기 전에 뒤척이면서 뭔가 다른 생각이 떠오른다면 내일 다시 이야기해주세요. 분명 답은 우리 가까운 곳에 있으니까요."

답을 찾아내고 싶은 답답함과 간절함이 크다면 구성원들의 뇌는 쉬면서도 계속 움직일 수 있다. 심지어 잠자는 동안에도 우리 뇌의 깊은 무의식에서 간절함이 주는 뭔가가 이끌려 나올 수 있다.

이틀째 워크숍, 드디어 새로운 생각이 등장했다

다음 날 아침, 워크숍 장소에서 다시 만난 구성원들의 표정은 분명 뭔가 달라져 있었다.

"혹시 퓨어루미에 대해 뭔가 새로운 생각이 떠오른 분 안 계신가요?"

이 순간 약간 쭈뼛거리며 한 사람이 손을 들었다. 전날 워크숍에서 자신의 의견을 강하게 드러내고 유독 고집이 세 보였던 R&D 담당자 K 씨였다.

"저녁에 곰곰이 생각해봤는데, 어제 토의한 내용 중에 좀 다르게 생각해볼 부분이 있더라고요. 한번 들어보시겠어요?"

모두의 눈이 반짝거렸다. 어렵사리 꺼내놓은 K 씨의 이야기는 우리가 결국 라벤더 포인트를 찾게 해준 결정적인 한 방이 됐다.

K 씨는 R&D 팀의 시니어 직책을 맡고 있고 나이도 다른 참석자보다 많은 축에 속했다. 게다가 공학박사에 공기청정기만 수십 년을 연구, 개발한 사람이었다.

당연히 그의 말에는 힘이 실려 있었고, 다른 참석자들이 반박하기 힘든 권위가 느껴졌다. 그런 K 씨가 낮의 워크숍과 저녁의 숙성 시간을 거친 뒤 어쩌면 라벤더 포인트가 될 수도 있는 '어떤 생각'을 다음 날 아침에 꺼낸 것이다.

계급장 떼고 말하게 하는 '그라운드룰'을 적용시켜라

워크숍 중에 자연스럽게 형성되는 이런 '발전된 생각'은 대체 어떤 조건을 갖춰야 가능할까? 권위자는 다른 참석자들의 발상을 누르지 않고 참석자들은 서로 의견을 활발하게 꺼낼 수 있는 화학적 결합 상태. 이런 긍정적 상태는 어떤 규칙에 의해 꽃을 피우는 걸까?

해답은 바로 워크숍 시작 시점에 공유된 그라운드룰(Ground Rule)에 있다. 그라운드룰이란 참석한 사람들이 지켜야 할 회의 방식을 의미한다. 모든 구성원이 미리 숙지한 그라운드룰이 있으면 평소 업무를 통해 형성된 관계와 권위를 무너뜨리고 '관계를 원점으로 리셋'하는 데 도움이 된다. 퓨어루미 워크숍 참석자들에게 제시한 그라운드룰은 아래와 같다.

Workshop Ground Rule

● 고객 앞에 만인은 평등: 직급, 나이를 잠시 잊읍시다!
● 각 팀의 협업은 필수: 모두가 참여해야 합니다!
● 워크숍 끝까지 정답은 모른다: '맞다 vs 틀리다'를 판단하지 맙시다!
● 비판 대신 부족한 부분을 도와주세요!
● 가장 중요한 것: 즐겁게 해요!

여기서 아래의 문구가 중요한 역할을 했다.
"고객 앞에 만인은 평등: 직급, 나이를 잠시 잊읍시다!"

그렇다. 라벤더 포인트가 나오기 위해서는 많은 벽이 허물어져야 한다. 타 부서라는 이질감, 직급과 나이 차이에서 오는 긴장감, 전문성의 격차에서 오는 부담감이 사라져야 한다. 워크숍 초기에 그라운드룰을 강조하는 이유는 회사 안에서 만들어진 '벽'을 무너뜨리기 위함이다. 그라운드룰을 강조하는 것만으로 안 될 때는 워크숍 중에 서로를 별명으로 부르게 한다든가 똑같은 앞치마나 모자를 쓰게 한다든가 하는 장치를 넣기도 한다.

이 그라운드룰은 어떻게 권위를 해체하고 참석자들로 하여금 자신의 의견을 활발히 개진하도록 만들었을까? 워크숍 첫날의 토의 현장으로 돌아가 보자.

첫날 가장 활발하게 토론한 주제는 "고객들이 정말 중요하다고 생각하는 '청정 효과' 측면에서 퓨어루미의 차별점은 무엇인가?"에 관한 것이었다. 이 부분은 기술 팀에서 답변을 해줘야 하는데 R&D 담당자 K 씨는 시종일관 "필터, 모터, 출력 등 여러 면에서 공기 청정력은 거의 모든 브랜드가 유사하다. 따라서 기술이 아닌 곳에서 강점을 찾아야 한다"는 주장에서 물러서지 않았다.

만약 그라운드룰이 없는 일반 사무 공간의 회의실이었다면 박사급 연구원의 단호한 답변에 참석자들은 우회로를 찾았을지 모른다. 기술 전문가의 전문적 답변에 마케팅 팀이나 영업 팀에서 어찌 토를 달겠는가? 하지만 이미 워크숍은 벽을 허물고 계급장을 떼고 허심탄회한 이야기들이 용인되는 분위기였고, 자연스럽게 참석자들은 아래와 같은 꼬리 질문을 던졌다.

- "공기 청정력은 정확히 뭘 의미하나요? 어떤 기준으로 측정되나요?"
- "공기청정기의 핵심 원리는 무엇인가요?"
- "360도 회전하는 L사 제품이 고객만족도가 가장 높던데 그건 단순히 필터나 출력 이슈만은 아니지 않나요?"

처음엔 K 씨도 '비전문가들이 이런 걸 이해할 수 있을까?' 하는 생각에 소극적인 자세로 단편적인 답변을 하다가 질문이 점점 구체적이고 예리하게 들어오자 참석자들과 티키타카를 시작했다. 여기서 한 가지 조심할 게 있는데 K 씨가 일방적으로 공격을 당하는 것으로 느끼지 않도록 진행자의 세심한 주의가 필요하다. 결국 첫날 워크숍을 마칠 무렵엔 참석자 전원의 '공기 청정력에 대한 이해도'가 상승해 영업 담당자조차도 "고객에게 설명할 땐 그냥 넘어갔던 부분을 상세히 알게 됐다"고 밝힐 정도였다. 다만 그 어떤 명확한 결론에는 여전히 이르지 못했다.

워크숍 둘째 날 K 씨가 참석자들에게 추가로 설명한 내용의 요지는 다음과 같았다.

"맙소사, 그렇구나!" 설치 위치에 따라 공기 청정력이 달라진다

"밤에 생각해보니 어제 설명에서 빼먹은 부분이 있더군요. 공기청정기는 어느 위치에 설치되느냐에 따라 공기 청정력이 달라질 수 있습니다. 즉 실내 정중앙에 설치하면 같은 출력, 같은 필터 제품이라도 공기 청정력이 좋아집니다. 공기 대류가 가장 빠르고 효율적으로 일어나는 지점이기 때문입니다."

"맙소사, 그렇구나!"

참석자들의 눈빛이 섬광처럼 번쩍였다. '천장 조명에 설치하는 간편한 빌트인 형태'라고만 생각했는데 조명은 대개 실내 공간의 중앙에 있으니까 청정력까지 가장 우수할 수 있다는 포인트를 발견한 것이다. 다른 경쟁사 제품은 바닥용이라 동선상 정중앙에 놓질 못하고 구석에 두게 되기 때문이다.

- "천장이 아니라 중앙이 핵심이구나!"
- "청정 효과가 가장 우수한 '공간 중앙'에 있어 최고의 청정력을 자랑하는 퓨어루미!"

마침내 찾아낸 라벤더 포인트였다. 어렵게 찾아낸 콘셉트가 라벤더 포인트인지 아닌지 알 수 있는 방법은 참석자들의 반응이다. "바로 이거다!"

라면서 박수를 치거나 무릎을 치는 등 정확한 보디랭귀지로 표현되기 때문이다. 정말 좋은 것은 머리보다 가슴과 몸이 먼저 알아차린다.

이제 여정은 끝났다. 참석자들은 각자 만들었던 총 5개의 콘셉트보드를 미련 없이 버리고 새로운 1개의 콘셉트보드를 작성하는 데 나머지 시간을 썼다. 아래 콘셉트보드가 대망의 결과물이다.

세세하게 다듬어야 할 과정은 남아 있었지만 참석자 모두 이 콘셉트보드를 흡족해했다. 무엇보다 마케팅과 영업 담당자들은 고객에게 '하나의 목소리'로 소통할 수 있게 됐다.

제목	'공간의 중앙'에 있어 동급 최강 공기 청정력을 선사하는 퓨어루미
도입	"청정 효과가 가장 우수한 제품을 쓰고 싶은데 어떤 기준으로 선택해야 하나요?" 질문에 대한 확실한 해답을 드립니다.
가치 제안	같은 기술과 성능이라도 공기청정기를 실내 공간 어디에 두고 사용하느냐에 따라 청정 효과가 달라진다는 사실 공기청정기는 실내 공간의 중앙에 두어야 가장 빠르고 효과적으로 공기를 정화합니다.
기술적 근거	독보적인 '센터 청정 기술'로 공기 청정의 사각 지대를 최소화해 최고 효율의 공기 청정력 구현이 가능합니다.
보충 설명	3중 필터 시스템으로 냄새와 초미세먼지까지 효과적으로 제거해줍니다.

1장으로 정리된 퓨어루미의 콘셉트보드 최종 버전(가독성 위해 원본 일부 편집됨)

B2B 온라인 판매 채널용 퓨어루미 제품 소개 페이지

　참고로 콘셉트보드가 나중에 B2B 온라인 판매채널의 제품 소개 페이지로 풀린 예시를 한번 보자. 메시지가 좀 더 다듬어지긴 했지만 핵심 아이디어는 워크숍에서 도출하고 합의한 콘셉트보드에 근간을 두고 일관되게 전개 중임을 확인할 수 있다.

토론의 촉매제인 퍼실리테이터는 질문법 및 지향점을 숙지하라

　똑같은 워크숍 어젠다와 템플릿을 가지고도 누가 어떻게 진행하냐에 따라 아웃풋이 확연히 달라질 정도로 워크숍에서 진행자의 역할은 중요하다. 라벤더 포인트를 찾도록 워크숍을 프로답게 진행하는 전문가를 우리는 단순히 '진행자'라 하지 않고 '퍼실리테이터(Facilitator)'로 부르고자 한다. 영어 단어 'Facilitate'는 단순히 '진행하다'가 아니라 '쉽게 만들기 위해 도움을 준다, 원활하게 만든다'로 해석해, '촉매제, 윤활유' 같은 역할의 의미가 강하다. 바로 워크숍 진행자가 갖춰야 할 핵심 덕목을 정확하게 짚고 있다.

퍼실리테이터는 회사 상황과 프로젝트에 대한 이해도가 높아야 하고 구성원들의 발언을 경청하고 공감하면서 핵심을 잘 짚어내는 스킬이 기본으로 탑재되어 있어야 한다. 이런 당연한 기본기 이외에 라벤더 포인트를 잘 찾아내기 위해서는 추가적으로 모든 구성원의 참여도가 고르게 되도록 밸런스를 잘 맞추는 것은 물론 각 참석자들이 자신의 속내를 편하게 이야기할 수 있는 분위기 조정도 중요하다.

특히 강조하고 싶은 퍼실리테이터의 중요한 자질 중 하나는 '참석자들이 고객 입장에서 생각할 수 있도록 계속 유도'하는 역량이다. 창의적인 발상을 위해 워크숍을 진행하게 되면 중간에 토의가 정해진 한 방향이 아니라 다른 방향으로 바뀌기도 한다. 또한 넓게 봤다가 좁히기도 했다가 하며 다양한 관점이 섞이다 보면 자칫 워크숍이 길을 잃거나 초점이 흐려질 위험이 있다. 참석자들이 창의적인 논의를 다방면으로 펼치더라도 언제든지 빠르게 한 방향으로 다시 모일 수 있게 하는 공통의 목표 지점은 바로 '고객'이다(추신: 고객 이외에 한 가지 더 추가한다고 하면 '사업에서 성취하고자 하는 목표'인데 고객과 함께 이 두 가지는 퍼실리테이터의 뇌리에서 계속 살아 있어야 한다). 예를 들어, "방금 하신 말씀을 고객의 입장에서 보면 어떻게 받아들여질까요?", "고객의 언어로 좀 더 쉽게 치환하면 어떤 표현이 될까요?"와 같은 질문을 적절한 타이밍에 던지면서 참석자들의 관점이 고객에게 계속 맞춰질 수 있도록 하는 것이다.

워크숍 벽면에 타깃 고객의 이미지를 붙여놓자

퓨어루미 사례의 경우에는 참석자들이 고객에게 포커스를 계속 맞추도록 보조 장치가 하나 있었다. 워크숍 초반에 타깃 고객을 간단하게 1장의 페르소나로 직접 그려 한쪽 벽에 붙여둔 것이다. 그러고서 워크숍 틈틈이 "지금 말씀하신 포인트를 우리가 정한 타깃인 벽에 있는 저분이 들으면 어떤 반응을 보일 거 같으세요?"와 같은 질문을 던지며 고객 관점을 잃어버리지 않도록 자연스럽게 유도했다.

이 밖에도 퓨어루미에서 퍼실리테이터가 참석자들의 생각이 고객 관점으로 보다 더 확장되게 유도한 질문의 예시는 다음과 같다.

- 고객이 꿈꾸는 '이상적인' 완벽한 공기청정기는 어떤 제품일까요?
- 고객이 바닥에 두는 기존 공기청정기에서 어떤 불편함을 느꼈을까요?
- 고객이 퓨어루미를 사용하면 고객의 일상에 어떤 작지만 의미 있는 변화가 생길 수 있을까요?

끝으로, 퍼실리테이터의 핵심 역량을 딱 한 줄로 요약하면 '질문을 잘하는 사람'이라고 할 수 있다. 특히 퍼실리테이터가 외부에서 온 경우 아무리 잘난 체한다 해도 회사 내부 구성원보다 더 시장과 사업을 잘 알지 못한다. 그렇기 때문에 뭔가 섣부른 판단을 하거나 일방적인 한 방향으로 끌고 가는 것은 위험하다. 하지만 그럼에도 불구하고 안전하게 워크숍의 아웃풋을 원하는 만큼 끌어올리는 방법이 있는데 그것이 바로 '질문을 잘하는 것'이다. 시의적절하게 뇌를 흔들고 가슴을 후벼 파듯이 예리하게 던지는 퍼실리테이터의 질문은 워크숍 참석자들에게 좋은 자극과 긴장감을 주어 발상의 퀄리티를 끌어올리는 중요한 자양분이 된다.

라벤더 포인트를 이끌어낼
소용돌이 질문법

워크숍에서 사용하는 질문법은 일상생활에서 가볍게 던지는 질문이나 인터뷰에서 던지는 틀에 박힌 질문들과는 성격이 다르다. 구성원 각자가 발화하는 하나하나의 생각이 서로 다른 사람에게 전이되어 생각이 꼬리에 꼬리를 물고 상호 상승할 수 있게 만들어주는 질문이어야 한다. 이런 질문법을 '소용돌이 질문법'이라고 한다.

✓ 화자가 머뭇거리거나 애매하다고 생각하는 부분을 예리하게 캐치해 다시 질문 들어가기

워크숍을 진행하면서 예를 들어 퓨어루미 사례에서 각자 작업한 콘셉트보드를 발표하는 순서처럼 자신의 의견을 정리해서 발언하는 경우 발언자가 자신 있게 이야기하는 부분보다 다소 우물쭈물하게 말하는 요소에 좀 더 집중하는 것이 좋다. 일반적으로 화자가 자신 있게 이야기하는 태도를 취하는 것은 그가 전하는 발상이 '안전한' 이야기이기 때문이다. 그럴 경우 그 이야기는 세상의 상식에 부합하고 도덕적 관념에도 어긋나지 않는 다소 '평이한 발상'일 경우가 많다. 하지만 우물쭈물하고 자신 없어 하는 부분의 이야기는 일반론에서 조금 벗어난, 스스로도 '위험한 생각'이라고 여기는 부분이기 때문에 라벤더 포인트화할 수 있는 포텐셜을 가질 확률이 높다.

✓ "WHY?" 질문하기

역시 가장 좋은 질문 중 하나는 "Why?" 질문이다. 청자의 궁금증을 풀어주어 그들에게 영감을 주는 질문이기도 하지만 더 중요한 것은 "Why?"를 이야기하면서 아이디어 발상자의 논리가 정교해지고, 발상의 원인을 곱씹어보면서 아이디어 자체의 풍성함을 기할 기회도 갖게 된다. "Why?" 질문을 할 때는 전체의 이유를 뭉뚱그려 묻는 것보다는 발표자의 아이디어나 발언 내용 중 구체적인 특정 부분을 콕 짚어 질문하는 것이 훨씬 토론의 질을 높일 수 있는 팁이다.

✓ 본인의 가설을 풀면서 이 가설에 대한 의견 유도하기

라벤더 포인트는 각자의 생각이 부딪히고 상호 뭉개지면서 결국 발현된다. 그러려면 무작정 질문하는 것이 아니라 토론 주제에 대해 퍼실리테이터 본인은 어떤 가설을 따라 그런 의견을 갖게 됐는지를 먼저 풀고 그에 대해 다른 참석자들의 의견을 유도하면서 그 의견에 대해 또다시 질문하는 방식을 취한다. 맨땅에 헤딩하듯 던지는 "자, 이야기해봅시다"와 같은 엉성한 발언은 공회전만 일으킬 뿐이어서 본격적인 토론으로 이끄는 데는 어려움이 발생한다. 이 부분에서 특히 역량 있는 퍼실리테이터가 빛을 발한다. 그저 진행 사회자로서 존재하는 일반 워크숍이나 시장조사와는 달리 라벤더 포인트 워크숍의 퍼실리테이터는 자신 안에 단단한 가설을 가지고 있어야 한다. 워크숍을 하면서 이런 가설들은 분명히 서로 부딪쳐 깨지겠지만 더 발전할 것도 분명하니까.

✓ 스리쿠션 화법: A의 응답을 B에게 물어보기

전체 구성원의 몰입감 있는 토론을 만들기 위해선 가능한 한 상호 인터랙션을 많이 부여하는 쪽으로 전체 진행을 하는 것이 필요하다. 예를 들어 한 주제에 대해 토론할 때 각각의 생각이 휘발되어 날아가지 않도록 앞서 A란 사람이 발언한 코멘트를 이번엔 B에게 바로 질문으로 던지는 것이다. "A 씨의 대답을 방금 들으셨는데 거기에 대해 B 씨는 자신의 관점에서 어떻게 재해석하실 수 있을까요?" 하는 식으로 말이다. 회의 전체를 환기시키고 기존 아이디어에 신선함을 부여하는 기회가 될 수 있다.

✓ 전제 조건에 대한 도전적인 질문

"당연히 이럴 것이다"라고 아예 전제를 깔고 의견을 피력하는 참석자가 있다면 가끔은 이런 챌린지를 해보자. 예를 들어 "원래 다들 귀여운 것을 좋아하니 캐릭터를 활용해서 마케팅하는 것이 좋을 것 같습니다."라는 발언을 했다면 이렇게 환기를 시켜보는 것이다. "모두 다 귀여운 캐릭터를 좋아하는 것은 아닐 수 있잖아요? 그 전제가 없다면 어떻게 생각을 바꾸시겠어요?" 이렇게 말이다. 전제가 되는 생각이 구태의연하면 나머지 발상의 흐름도 식상할 수 있다. 라벤더 포인트는 근원적 생각의 변환에서 많이 발견할 수 있기 때문에 구태의연한 전제 조건을 걷어내는 화법이 도움이 된다.

05 CUSTOMER EXPERIENCE

고객 여정 단계마다 잊지 못할 순간을 설계하라

우리는 살아온 날들을 기억하지 않는다, 오직 순간순간을 기억할 뿐.
"WE NEVER REMEMBER DAYS, ONLY MOMENTS."
by 체사레 파베세(소설가)

CUSTOMER EXPERIENCE 잘 고안된 고객 여정 설계 사례

경주 스마트 에어돔이 만든 고객 여정의 '와우 포인트'

잊지 못할 순간을 만들어주는 것=고객 여정 설계

최근 업계에서 가장 많이 거론되는 키워드를 딱 하나만 꼽으라고 한다면 단연 '고객 경험(Customer Experience)'이다. 그만큼 많은 기업이 고객과 마주치는 모든 순간순간, 모든 접점과 접점에서 고객에게 어떤 경험을 줄 것인지에 대해 진지한 고민을 하기 시작했다.

'고객 경험'과 더불어 자주 등장하는 키워드가 '고객 여정(Customer Journey)'이다. 둘은 비슷한 개념인데 고객이 겪는 일련의 브랜드 경험이 어디론가 떠나는 여행의 과정과 유사하다고 해서 쓰게 된 마케팅 용어다. 굳이 구별해서 설명하면 고객 경험은 브랜드나 상품 전체에 대한 기억이고 고객 여정은 경험까지 가는 길이라고 볼 수 있다.

실제로 가만히 들여다보자. 고객이 어떤 제품을 발견하고, 더 깊이 알게 되고, 구매해서 써보고, 그 경험이 좋아서 다른 사람에게 공유하는 일련의 과정은 우리가 설렘에 가득 차 잘 모르는 낯선 곳으로 '여행을 떠나게 되는 과정'과 비슷한 점이 많다.

고객의 브랜드 경험과 여행이 꼭 닮았다고 하는 데는 다른 이유가 또 있다. 시간이 흐른 뒤 유독 기억에 남는 여행을 떠올려보자. 여행 전체 일정이 속속들이 떠오르는 게 아니라 어떤 특정한 '순간'만이 강렬하게 기억에 남아 있을 것이다. 1주일, 2주일, 한 달⋯ 꽤 긴 여행을 다녀와도 시간이 지나 기억에 남는 것은 아주 짧은 특정한 순간의 조각들이다. 이 순간순간이 너무나 강렬하고 생생한 기억으로 남아 '그래, 그 여행은 참 멋지고 특별했어'라며 마치 여행 전체가 좋았던 것처럼 회상하곤 한다. 브랜드 경험도 마찬가지다. 브랜드가 팔고자 하는 상품과 함께한 그 많은 시간을 모두 기억해주면 좋으련만 실상은 몇 개 기억의 파편으로 고객의 마음에 남게 된다. 그것도 아주 운이 좋을 경우에.

이런 현실을 고려할 때 우리가 고객에게 할 수 있는 일은 '잊지 못할 순간'을 조금이나마 늘려주는 것이다. 고객이 비록 모든 것을 세세하게 기억하진 못해도 어떤 몇 가지 강렬하고 특별한 순간들이 기억의 파편으로 남아 우리를 잊지 않고 기억해주고 다시 찾게 되는 인연을 만들어주기를 말이다. 이런 특별한 순간을 잘 만들면 이 자체가 라벤더 포인트가 된다. 누구나 잊지 못할 경험을 하는 순간, 다른 사람과 공유하고 싶기 때문이다.

우리는 어떻게 고객의 긴 브랜드 여정에서 '잊지 못할 강렬한 순간'을 만들고 그 순간을 '라벤더 포인트'로 전환시킬 수 있을까? 경주시에서 운영하는 '경주 스마트 에어돔' 사례를 통해 알아보자.

경주 에어돔 축구장의 고민

2020년, 경주시는 최첨단 기술이 적용된 국내 최초의 에어돔 축구장을 오픈하기 위한 준비 작업에 한창이었다. '경주 스마트 에어돔'이라고 불리는 이곳은 최첨단 기술을 적용해 추운 겨울이나 더운 여름에도 일정한 온도가 유지되어 1년 내내 쾌적하게 축구를 즐길 수 있도록 만든 곳이었다. 당시 경주시 담당자는 '국내 최초'라는 상징적 의미를 효과적으로 전달하고 관광도시 경주의 홍보에도 도움이 될 수 있도록 임팩트 있는 '오프닝 이벤트'를 하고자 필자에게 컨설팅을 의뢰했다.

'이벤트 하나 잘 기획하면 되겠지' 했던 프로젝트는 논의를 거듭할수록 근본적인 질문을 향해가고 있었다. 오프닝만 반짝 잘하고 끝나는 것이 아니라 이후에도 꾸준히 이용객이 늘면서 활발하게 사용될 수 있도록 해야 한다는 숙제가 주어졌기 때문이다. 다행히 공사가 진행 중인 시점이라 에어돔의 마케팅 전략에 맞춰 시설물과 콘텐츠도 충분히 수정, 보완할 수 있는 상황이었다. 다시 원점에서 고민하게 된 경주 스마트 에어돔 프로젝트는 성공적인 론칭과 꾸준한 활용이라는 두 가지 숙제를 어떻게 해결할 수 있었을까?

고객 여정을 그리기에 앞서, 타깃 고객을 분명히 하라

경주 스마트 에어돔처럼 기존에 없던 완전히 새롭고 혁신적인 상품이나 서비스에 대한 마케팅 전략을 세워야 할 때는 누구나 비슷한 심정이 된다. "도대체 어디서부터 어떻게 시작해야 하지?" 기존에 비슷한 사례나 히스토리가 있다면 그것을 기반으로 고민하면 되는데 이 같은 경우는 레퍼런스 삼을 만한 샘플이 없기 때문이다. 프로젝트 초기, 우리는 끝도 없는 질문을 던져야 했다.

● '경주 에어돔(처음부터 '경주 스마트 에어돔'으로 불리지는 않았다)'에는 어떤 사람들이 오고 싶어 하고, 와야 할까?
● 경주 에어돔을 축구 전문 구장으로 운영하는 것이 좋을까, 아니면 야구, 생활체육, 전시 및 이벤트도 할 수 있는 다목적 시설로 운영하는 것이 좋을까?
● 한겨울이나 한여름 말고 날씨가 좋은 봄이나 가을에도 경주 에어돔을 자주 이용하게 하려면 어떻게 해야 할까?
● 경주 에어돔이 최초이긴 하지만 앞으로 다른 도시에도 에어돔이 생길 텐데 그럼 왜 꼭 경주로 와야 할까?
● 경주 에어돔에 한번 왔던 사람이 주변에 추천하고 싶다면 그 소재는 무엇이 되어야 할까?
● 경주 에어돔을 이슈화하면서 효과적으로 홍보할 수 있는 방법은 무엇일까?

론칭을 앞둔 시점이거나 또는 이렇게 문제가 복합적이라 무엇부터 풀어가야 할지 모를 경우에는 먼저 '타깃을 누구로 할 것인가'를 정하고 나면 많은 문제가 순차적으로 풀리기 마련이다.

경주 에어돔의 경우 경주시에서 운영하는 체육 시설물이라 원칙적으로는 남녀노소 누구나 이용할 수 있어야 하지만 핵심 타깃을 정하는 일은 뒤이을 마케팅과 프로모션의 성공을 위해서 꼭 필요한 작업이었다.

타깃을 명확히 하면 많은 문제가 차차 풀린다

열띤 논의 끝에 우리는 경주 에어돔을 가장 많이 사용할 대상을 유소년 축구팀으로 설정하고 그들을 위한 전지훈련캠프로 자리매김하는 것이 가장 적절하다는 결론에 이르렀다. 사용자는 유소년이지만 예약자는 코치나 학부모님이기 때문에 핵심 타깃은 '전국 유소년 축구팀을 운영하는 감독과 코치 및 유소년 축구선수들의 어머니'로 정했다.

핵심 타깃을 정하고 나니 그다음 단계는 다소 수월했다. 즉 타깃에게 가장 어필할 수 있는 경주 에어돔의 특장점이 무엇인지 좀 더 명료하게 정리할 수 있게 된 것.

경주 에어돔은 그 자체로 많은 특장점을 갖췄다. 무엇보다 1년 365일 온습도가 일정하게 유지되어 일관된 환경에서 선수들이 기량을 발휘할 수 있다. 여기에 고급 인조 잔디와 그림자 없는 조명으로 안전성을 높인 점, 첨단공법 적용으로 벽돌 구조물이나 철강 구조물 없이 큰 면적을 안정적으로 지지하는 점, 특히 한국 최초로 선보이는 에어돔이라는 점 등이 강점이다. 하지만 우리는 이미 퓨어루미 사례에서 다양한 특장점을 늘어놓기만 해서는 안 된다는 사실을 깨달았다. 그 많은 특장점 중 무엇을 가장 중요하게 내세울지 명확하고 뾰족하게 다듬을 일이 남아 있었다.

그 많은 특장점 중에 무엇을 내세울까

유소년 축구팀을 운영하는 감독과 코치 및 선수의 어머니들은 전지훈련을 위한 축구장 시설물에 대해 어떤 기대를 할까? 그 기대를 경주 에어돔은 어떻게 만족시킬까? 이 2개의 질문이 만나는 지점에 답이 있었다.

문제는 일정한 온습도, 고급 인조 잔디, 그림자 없는 조명 등은 관련성 높은 강점이기는 하지만 '모든 에어돔의 특장점'이기도 하다는 것. 우리는 '경주 에어돔만의 차별성', 즉 '왜 꼭 경주 에어돔이어야 하는지'에 대한 답을 찾아내야만 했다.

결국 기술적 강점이나 건물 자체의 '하드웨어'만으로는 뾰족한 답이 나오지 않는다는 점이 명확해졌다. 차별화된 콘텐츠와 소프트웨어적인 요소가 가미될 때 경주 에어돔만의 독보적인 가치가 완성될 수 있는 상황이었다. 그렇다면 대체 어떤 서비스나 콘텐츠가 더해져야 하는 걸까? 할 수 있는 옵션이 너무도 많지 않은가?

이 시점에 우리를 구해준 유용한 도구가 바로 '고객 여정'이었다. 조금 더 들어가 보자.

고객 여정 Map을 그려보라, 안 보이던 해결책이 보인다

한 가지 재미있는 사실은 마케터들이 '고객 경험', '고객 여정'이라는 말을 자주 사용하고 중요하게 생각하는 듯 보이지만 정작 현장에서는 요긴하게 써먹지 않는다는 것이다. 이미 다 알고 있다고 생각하거나 현업에 몰입해 눈앞의 과제들을 해치우다 보면 고객 여정을 다시 들여다보는 일을 시간 낭비라고 치부한다는 것. 하지만 실제로 우리가 고민하는 많은 고객 접점상의 이슈들은 고객 여정을 제대로 들여다보고 고객의 마음을 찬찬히 따라가 봄으로써 해결되는 것이 생각보다 많다. 다만 충분히 그 정도의 집중과 정성을 쏟지 않을 뿐.

경주 에어돔 상황도 마찬가지였다. 공사가 한창 진행 중이라 담당자가 매일 챙겨야 할 일이 산더미인 데다가 고객 동선을 고려한 설계 도면이 이미 존재했기 때문에 "고객 여정을 다시 한번 그려봅시다"라는 우리의 제안이 달가울 리 없었다. "고객 동선을 고려해서 에어돔을 설계했는데 무슨 새로운 고객 여정이 필요합니까?"라는 질문이 나올 수밖에 없었다. 하지만 고객 여정은 동선 설계와는 엄연히 다르다.

결국 우리는 함께 모여 다시 고객 여정을 그렸다. 경주시 프로젝트 담당자, 홍보 담당자, 에어돔 시공사 담당자, 마케팅 대행사 등 다양한 사람이 한자리에 모여서 1장짜리 고객 여정을 완성했다. 고객의 여정을 제대로 들여다보고 고객의 마음을 찬찬히 따라가는 이런 과정은 단순해 보이지만

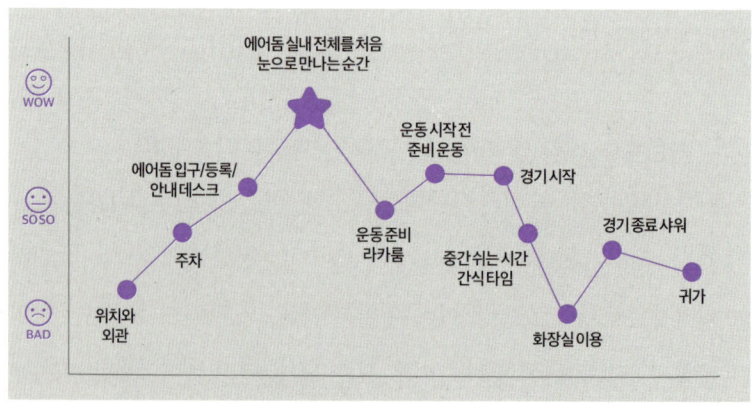

<그림 1> 경주 에어돔의 고객 여정 Map 초기 버전

출입구 지나면 나오는 경주 에어돔의 와우 포인트

매우 중요한 일이다.

'주차 → 안내 데스크 → 에어돔 입장 → 라커 룸 → 준비운동 → 전반전 경기 → 쉬는 시간 → 후반전 경기 → 샤워 → 귀가'로 이어지는 고객 여정을 시각화하니 〈그림 1〉과 같은 고객 여정이 나왔다.

첫 번째 와우 포인트: 출입구 지나면 나오는 한 지점

별다른 콘텐츠와 소프트웨어가 없는 당시 상황에서 고객이 "와우, 멋진데!"라고 할 수 있는 곳은 딱 한 군데였다. 출입구를 지나 에어돔 실내 전체를 한눈에 조망할 수 있는 바로 그 지점이었다.

문제는 '와우 포인트' 지점이 단 하나뿐이어서 부족한 면이 있는 데다가 이 지점이 에어돔 자체의 강점이지 경주 에어돔만의 특징이라고 보기엔 어렵다는 것이었다.

하지만 다 같이 모여 고객 여정을 그려본 과정은 우리가 풀어야 할 숙제를 명확하게 만들어줬다. 지금부터는 고객 여정의 어디를 어떻게 보완해서 '와우 포인트를 늘릴 것인가'를 집중적으로 고민하면 되기 때문이었다.

다양한 백그라운드와 전문성을 가진 참석자들은 그려진 고객 여정을 보면서 생각을 모으기 시작했다. 시너지가 폭발적으로 일어날 수 있는 소중한 순간이 마침내 만들어진 것이다. 명중하는 아이디어가 나오는 것은 이후의 자연스러운 수순이다.

두 번째 와우 포인트: 워밍업 장소인 모래사장

두 번째 와우 포인트로 우리가 주목한 지점은 몸풀이 및 워밍업을 하는 순간이었다. 당시 선수들의 워밍업 공간은 따로 없었고 경기장 옆 빈 공간을 이용하게 되어 있었다. 우리는 이 공간에 주목해 '전지훈련에 특화된 과학적인 축구 훈련 명소'로 부각할 방법을 찾기 시작했다. 이곳을 넓은 모래사장으로 만들면 어떻게 될까?

잘 알려진 사실은 아니지만 모래사장은 라틴 국가들이 축구 강국이 된 비결의 핵심이기도 하다. 국민소득이 높지 않은 라틴 국가의 어린 선수들은 탄탄하게 잘 닦인 전용 구장에서 축구를 시작하지 않는다. 어릴 적부터 발도 제대로 움직이기 어려운 모래사장에서 축구를 하는데, 놀라운 사실은 이 모래사장 훈련이 실제로 어린 선수들의 체력과 기량을 키우는 데 탁월한 효과가 있다는 점이다.

우리는 이를 역으로 활용하기로 했다. 최첨단 에어돔 구장에 가장 원시적으로 보이지만 사실은 기본기를 탄탄하게 다지는 효과가 있는 모래사장을 만들면 축구 훈련에 대한 차별화된 철학을 전파할 수 있다고 판단한 것이다.

경주 에어돔의 차별화 포인트로 내세운 모래사장

세 번째 와우 포인트: 에어돔을 떠나기 직전의 순간

세 번째 와우 포인트로 우리가 주목한 순간은 경기를 다 끝낸 뒤 샤워를 마치고 에어돔을 떠나기 직전이다. 특히 이 지점은 에어돔뿐 아니라 일반적인 고객의 여정상으로도 중요한 순간이다. 우리는 시작보다 끝이 아름다울 때 그 순간을 더 오래 기억하는 경향이 있으니까.

다양한 논의 끝에 최종적으로 선정된 아이디어는 '전지훈련에 특화된 과학적 축구 훈련 명소'에 걸맞게 경기 전체를 녹화하고 추후 경기 내용을 분석할 수 있도록 영상 서비스를 제공하는 것이었다. 특히 이 프로그램은 그림자가 생기지 않게 조명을 배치하고 사방에서 다양한 각도로 경기를 촬영함으로써 선수들의 움직임이 정교하게 영상에 잡히도록 설계한 경주 에어돔의 전문성도 함께 어필할 수 있는 포인트였다. 또한 이런 전문적인 기술이 보강되면서 경주 에어돔의 최종적인 네이밍도 '경주 스마트 에어돔'

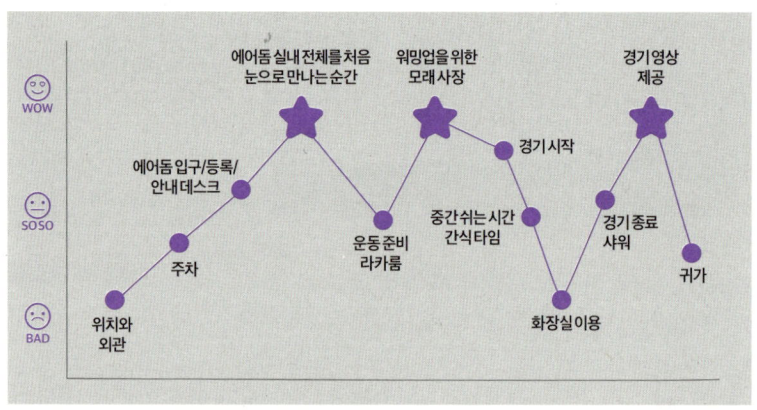

<그림2> 경주 에어돔의 고객 여정 Map 최종 버전

으로 확정할 수 있게 됐다.

이렇게 두 가지 와우 포인트가 추가되면서 마침내 경주 스마트 에어돔의 최종적인 '고객 여정 Map'이 완성됐다.

고객 여정 Map이 가져온 세 가지 효과

경주 스마트 에어돔의 변화된 고객 여정 Map은 몇 가지 미덕을 갖고 있다.

첫째, 3개의 와우 포인트가 적당히 서로 떨어져 있다는 점이다. 와우 포인트가 너무 다닥다닥 몰려 있을 경우 피로감을 주거나 오히려 효과가 반감될 수 있다.

둘째, 이 3개의 와우 포인트가 경주 스마트 에어돔만의 차별화된 특징과 잘 연결되어 있다는 점이다. 와우 포인트라고 하면 자극적이거나 인스타그램 인증 숏 요소로만 접근하기 쉬운데 이렇게 자신의 특장점이 드러나게 여정을 디자인하는 것이 가장 효과적이다.

셋째, 자원 배분의 효율화다. 고객 여정을 그리는 과정을 통해 다양한 이해관계자가 '어떤 지점에 포커스를 맞출지, 왜 그렇게 해야 하는지'를 다 같이 합의하고 '강조해야 할 포커스에 자원과 예산을 확실히 몰아주는' 의사결정을 하게 됐다.

포커스를 명확하게 하지 않으면 여기저기 돈은 다 썼는데 막상 방문한 사람 입장에서는 어느 것 하나 명확하게 기억에 남지 않을 수 있다. 전체적으로 힘을 줘야 할 지점과 힘을 빼도 되는 지점은 어디일지 균형감을 갖고 볼 수 있게 해주기 때문에 고객 여정은 자원배분 관련 의사결정에도 도움이 된다.

이로써 실타래처럼 얽힌 듯 보였던 다양한 질문에 대해 정리를 하고 포커스를 명확하게 맞춤과 동시에 임팩트 있는 오프닝 이벤트가 더해지며 경주 스마트 에어돔은 성공적으로 론칭하게 됐고 이후부터 유소년 축구팀의 전지훈련 명소로 단단하게 자리를 잡아가고 있다.

경주 스마트 에어돔처럼 완전히 새로운 개념의 상품이나 서비스를 기획할 때도 고객 여정이 요긴하게 쓰이지만 기존 사업에 대한 자원배분을 고민할 때도 유용하게 활용될 수 있다. 또 다른 사례를 통해 간단히 짚어보자.

무엇부터 해야 할지 모를 때, 고객 여정 속으로 들어가라

최근 모 중견기업에서 필자에게 도움을 요청했다. 당장 내년부터 새로운 혁신에 박차를 가해야 하는데 무엇부터 어떻게 시작하는 게 가장 좋을지 내부적으로 정리가 안 되니 도와달라는 것이었다. 혁신적인 서비스 신상품을 빨리 개발하는 것이 더 중요할지, 아니면 웹사이트를 최신형으로 업그레이드하는 것이 더 좋을지, 아니면 고객서비스 강화를 위해 서비스 응대 직원을 충원하고 교육하는 것이 더 효과적일지, 해야 할 일은 많은데 돈과 자원은 한정되어 있으니 어디에 먼저 투자하는 것이 가장 효과적일지 고민이라고 했다.

이럴 경우 내부 구성원들에게 물어보면 각자 자기 부서 입장에서 필요한 것이 더 중요하다고 어필하기 마련이다. 마케팅 팀은 웹사이트를, 영업 팀은 신상품을, 고객서비스 센터는 서비스 직원 역량 강화를 강조하는 식이다. 필자는 이 상황에서 논의를 효과적으로 진행하기 위해 고객 여정을 아주 요긴하게 활용했다. 고객 입장에선 웹사이트나 고객서비스 센터, 새로운 서비스 상품을 경험하는 것 모두 하나로 연결된 고객 여정상의 접점들이기 때문이다.

고객 여정 속으로 들어가면 개별적으로 진행될 것 같던 각각의 활동들은 하나의 연결된 유기체처럼 보이게 된다. 이런 활동들이 고객 여정에 추가되면 어떤 영향을 미치는지, 어떻게 전체적인 고객 경험을 더 좋게 하는지, 어떻게 매출에 기여하는지를 논의하다 보면 각 팀 담당자 역시 자신들의 입장만을 고집하는 것이 아니라 고객에게 무엇이 중요하고 가치가 있을지 다시 본질적으로 고민하면서 더 나은 의사결정을 할 수 있게 되는 것이다.

간단해 보이지만 곱씹어볼수록 많은 잠재력과 가치를 가지고 있는 것이 고객 여정 Map이다. 자신만의 라벤더 포인트를 찾을 수 있는 지도와 나침반이 되기에 충분하지 않은가?

06 VIRAL

입소문, 핵 중의 핵을 찾고
그 핵에 올인하라

마케팅 성공의 비결엔 더 이상 비밀이 없다. 결국 입소문이 답이니까.
"THE SECRET TO MARKETING SUCCESS IS NO SECRET AT ALL.
WORD OF MOUTH IS ALL THAT MATTERS."
by 세스 고딘(작가, 기업인)

VIRAL ① 입소문의 핵을 찾은 기업 사례

인플루언서의 인플루언서를 공략하다, 노티드 도넛

인플루언서 비용을 쓰지 않고 입소문을 낼 수 있다면?

마케팅 분야에서 '입소문'이라는 단어는 오랫동안 해결되지 않은 신비한 미스터리 중 하나였다. 운 좋게 마케팅 예산이 넉넉한 회사에서 일해본 경험이 있는 필자는 신제품에 수억, 수십억 광고비를 쓰고 난 뒤 그 효과를 측정하기 위해 종종 '캠페인 분석용 고객 리서치'를 하곤 했다. "신제품 OO를 어떤 경로로 알게 되셨나요?" "신제품 OO를 왜 구매하셨나요?" 이런 질문을 던지면 1등으로 올라오는 단골 답변이 있었다. "주변 사람들을 통해서 알게 됐어요." "입소문을 듣고 궁금해서 사봤어요." 마케터 입장에서 '입소문'은 분석하기에 정말 난감한 답변이다. "아니, 주변 사람이라고 하면 누구를 말하는 거지? 입소문이 났다는 건 구체적으로 어디서 어떻게 그렇게 됐다는 거지?"

최근 퍼포먼스 마케팅이 고도화되면서 적어도 디지털 환경 속에서는 입소문의 발자취를 추적하는 것이 수월해졌지만 여전히 많은 부분이 블랙박스다. 입소문이 확 일어난 성공적인 마케팅 사례조차도 자생적이거나 운이 좋은 것처럼 보이는 경우가 대부분이라서 뭔가 미리 설계하기 어렵다고 느낄 수 있다.

그나마 입소문의 실체를 쉽게 찾을 수 있는 것이 '인플루언서 마케팅'이다. 효과가 명확하고 단기간 성과가 좋아 인기를 끌고 있는 마케팅 기법이다. 문제는 유명 인플루언서의 경우 계약 단가가 너무 높아 예산이 많은 대기업에게나 접근 가능하다는 것. 그래서 최근엔 단가가 너무 높지 않으면서도 ROI(Return on Investment: 투자수익율)가 좋은 중소형 인플루언서(마이크로 인플루언서, 나노 인플루언서라고도 한다)가 대안으로 떠올라 인기다.

문제는 작은 기업에겐 중소형 인플루언서 비용도 부담일 수 있다는 것. 별도 예산이 없는 작은 기업이 입소문을 잘 내려면 어디서 어떻게 시작해야 할까? 이 질문에 대한 답을 찾기 위해 새삼 입소문의 본질로 돌아갈 필요가 있다. 인플루언서가 없던 시절에도 입소문이란 실체는 존재하지 않았던가. 지금 이 순간에도 수많은 기업이 인플루언서 비용을 쓰지 않고 자신만의 방식으로 입소문을 만들어내고 있지 않은가.

인플루언서를 쓰지 않고 입소문을 만들려면 인플루언서 대신 누가 그 역할을 하면 좋을까? 그건 바로 고객이다. 정확하게 말하면 많은 고객 중에 어떤 특정 유형의 고객이다. 그 고객을 잘 찾아내기만 하면 입소문의 발원지로 만들 수 있다. 이렇게 고객 중에 입소문 파워가 강해서 제품 전파의 시작점 역할을 하는 소수의 핵심 고객을 편의상 '전파의 핵'이라고 명명하자. 잘만 찾아서 활용할 줄 알면 전파의 핵 자체가 라벤더 포인트가 될 수 있다. 이런 방식은 더 이상 고객을 물건을 사줄 소비자로만 보지 않고 제품을 홍보해줄 하나의 '매체'로 보는 새로운 관점을 의미한다.

몇 가지 사례를 통해 핵심 고객을 전파의 핵으로 만드는 방법을 상세히 알아보자.

도넛으로 유명한 국내 브랜드 노티드(Knotted)가 불과 몇 년이란 짧은 시간 안에 글로벌 브랜드인 던킨도너츠를 위협할 정도로 큰 성공을 거두

었다. 여타 자영업자처럼 강남에 작은 도넛 가게 하나를 열면서 시작한 이 신생 브랜드는 어떻게 그토록 빠른 시간에 연간 500억 원 매출을 올리는 핫한 브랜드로 등극할 수 있었을까?

물론 잘 알려진 대로 제품 자체의 차별화를 위해 들인 노력이나 밝고 친근한 디자인을 적극 활용한 감성 마케팅도 성공 요인의 큰 부분이었지만 그 정도는 여타의 F&B 자영업자들도 충분히 고민하고 연구하는 부분인데 말이다.

변변한 마케팅 예산 없이 영세자영업자 수준의 작은 기업이었던 노티드가 빠르게 성공할 수 있었던 배경에는 인플루언서 중의 인플루언서, 즉 전파의 핵 중의 핵을 찾아내 그들의 생활영역에 파고들어간 숨은 노력을 찬찬히 헤아려볼 필요가 있다. 예산을 쓰지 않고 어떻게든 뭔가를 해보려 했을 만큼 절박했던 창업 초기 상황으로 돌아가 해답을 찾아보자.

인플루언서가 자주 가는 미용실, 촬영장에는 노티드 도넛이 있다

마케터에게 '전파'라는 단어는 자연스럽게 어떤 매체를 떠올리도록 만든다. 그만큼 매체는 당연한 존재이면서 자주 쓰여지는 마케팅 도구다. 예산이 적으면 적은 대로, 많으면 많은 대로 매체를 잘 선정하고 집행하는 일 자체가 중요하기 때문에 여기에 많은 에너지를 쏟는 것도 사실이다. 그래서 "어떻게 하면 전파를 잘할 수 있을까?"라는 질문을 던지면 대부분의 경우 "광고비 예산은 얼마나 있죠? 그 정도 예산이라면 매체 X, Y, Z 정도에 나눠서 집행하는 것이 좋겠네요" 하는 식의 답변이 기계적으로 오가기 마련이다.

그런데 초기 노티드는 광고비 자체가 아예 없었다. 달랑 숍 하나 오픈한 초기 자영업자에겐 흔한 일이다. 아이러니하게도 광고비 예산이 없는 이 상황은 노티드가 매체보다 더 강력한 전파의 핵을 찾아 나서도록 만든 원동력이 됐다. '도넛을 맛있게 먹은 뒤 사방으로 입소문을 내줄 수 있는 고객'을 중요한 기회로 보았던 것이다.

노티드가 스스로에게 던진 질문은 바로 이것이었다.
"아주 맛있는 도넛이 단 10개뿐이고 1명에게 1개씩 줄 수 있는 샘플링 예산만 우리에게 있다고 할 때, 그걸 어떤 사람들이 먹으면 가장 많은 사람에게 가장 빠르게 입소문이 날까?"

언뜻 '인스타와 유튜브 먹방 인플루언서를 바로 찾아가면 되는 거 아닐까?'라고 생각할 수 있다. 물론 틀린 답은 아니다. 돈만 충분하다면 말이다. 하지만 당시의 노티드는 비싼 인플루언서 마케팅을 할 예산이 없었다. 그렇다면 그들은 누구를 공략했을까?

노티드는 한 걸음 더 들어간 질문을 던졌다

"먹방 인플루언서에게 영향을 주는 인플루언서의 인플루언서는 누구일까?"

이것이 노티드에 라벤더 포인트를 가져온 핵심 질문이었다. 이 질문을 통해 그들이 찾아낸 전파의 핵 중의 핵은 바로 인플루언서 주변에서 그들에게 영향력을 미치는 사람들이었다. 촬영이나 콘텐츠 준비를 위해 정기적으로 만나는 기획사 직원이나 스태프, 메이크업아티스트, 포토그래퍼, 헤어디자이너 등이 해당됐다. 그들을 대상으로 도넛을 무료 샘플링하면서 노티드는 '언제 인플루언서를 만나서 언제 간식을 가장 맛있게 먹는지'를 파악하고 그 순간을 포착하고자 했다.

연예인이나 인플루언서가 촬영을 위해 머리를 만지고 메이크업을 하고 사진이나 영상을 찍는 곳은 강남의 청담동이나 압구정동과 같은 특정 지역에 몰려 있다. 대기나 작업 시간이 긴 편이어서 대개는 현장에서 간식이나 간단한 먹거리로 끼니를 때우게 된다. 분식류나 배달 음식은 그동안 많이 접해봤을 이들에게 당일 바로 만든 신선한 크림이 들어간 노티드 도넛이 제공됐다고 생각해보자. 열심히 작업하고 당이 떨어져 출출해진 상태에서 먹는 도넛 한 입의 맛이란! 게다가 함께 일한 사람들끼리 다 같이 웃는 얼굴의 귀여운 도넛을 먹게 됐을 때 당신이 먹방 인플루언서라면 어떻게 했을까? 그렇다. 광고비 받는 절차 없이도 그냥 자연스럽게 행복한 순간의 경험을 찍어서 여기저기 공유하게 되는 것이다.

자고로 맛있는 건 같이 나눠 먹고 널리 알리는 것이 한국인의 미덕이기도 하거니와, 유명한 인플루언서 섭외에만 골몰하지 않고 그 주변을 파고든 노티드의 수고로움은 이후 빠르게 입소문을 타면서 빛이 나게 된다.

노티드가 비교적 빠른 시간에 전파의 핵 중 핵을 찾은 반면, 그렇지 않은 경우도 정말 많다. 이것저것 시도하고 건드려보고 시행착오를 겪는 과정을 거치면서 마침내 전파의 핵심을 만나는 경우 말이다. 다음에 소개하는 사례는 여기에 해당된다.

VIRAL② 입소문의 핵을 찾은 기업 사례

알아서 떠들어주는 고객이 있다면 그들이 입소문의 핵, 오픈갤러리

미술품 렌털 및 구독 서비스 분야 국내 1위인 오픈갤러리의 박의규 대표를 만나 사업하면서 겪은 이런저런 시행착오에 대한 이야기를 허심탄회하게 들을 기회가 있었다. 오픈갤러리는 기존 시장에서는 찾기 힘든 새로운 서비스를 선보인 곳으로, 스스로 시장 자체를 만들며 성장한 기업이다. 기존 시장에 뛰어든 경우가 아니라 새로 시장을 만들어야 했기 때문에 더 많은 노력과 고생을 필요로 했다. 게다가 작은 스타트업으로 시작했기 때문에 외부에서 투자를 받긴 했지만 자금은 늘 넉넉하지 않았다.

초기 오픈갤러리의 마케팅 핵심 과제는 '신규 고객 유입'이었다. 이를 위해 박 대표는 적은 예산을 쪼개고 쪼개어 할 수 있는 디지털마케팅은 다

해보았다고 한다. 매일매일 팀원들과 함께 디지털마케팅 퍼포먼스를 체크하면서 무엇을 잘하고 있고 무엇이 문제인지 꼼꼼하게 점검해나갔다. 디테일까지 세심하게 챙겼지만 매출과 신규 고객 유입은 아주 조금씩 천천히 늘어갈 뿐이었다. 이런 지루한 시기는 한동안 계속됐다. 임팩트가 응축되고 모아지지 않아서인지 폭발력은 생기지 않았고, 하나씩 이삭 줍는 심정으로 접근할 수밖에 없는 나날이 계속됐다. '이렇게 오래 걸려서 언제 투자자들에게 약속한 매출 목표를 달성하나?' 하는 걱정과 조바심이 드는 시기였다.

한동안 이런 지지부진한 시기를 겪다가 마침내 '힘발'을 받으면서 세상에 오픈갤러리의 이름을 널리 알리는 모멘텀이 찾아오게 된다. 아주 천천히 찔끔찔끔 움직이던 신규 고객 유입 숫자가 가파르게 우상향하기 시작하는 시점! 이런 급상승 모멘텀은 어떤 계기로, 어느 순간에 생기게 된 걸까?

그것은 바로 이전의 다양한 마케팅 활동에서 배움과 인사이트가 축적되어 오픈갤러리에 '착붙'하는 핵 중의 핵을 찾아냈기 때문이었다. 오픈갤러리 초기 시절만 해도 이 서비스의 핵심 고객이 '미술품에 관심이 많은 미술 애호가'일 것이라고 상정하고 마케팅 활동도 이들을 대상으로 전개했다. 미술 갤러리와의 컬래버레이션이나 미술 커뮤니티를 대상으로 이벤트를 진행하는 방식이었다. 그런데 이들을 대상으로 마케팅을 할 때는 큰 파급력이 없었다고 한다.

그러다 마침내 파급력을 가진 핵 중의 핵 고객을 우연히 찾게 되는데 그들은 바로 '특정 지역 30~40평대 아파트에 거주하는 주부들 중 인테리어에 관심 많고 인스타그램을 활발하게 이용하는 사람들'이었다. 이들 중 대부분은 평소 그림에 그다지 관심이 없었다. 하지만 막상 좋은 그림을 아파트 거실 벽에 걸어보니 평범한 주거 공간이 '있어 보이게' 바뀌었고, 미술품이 걸린 자신의 거실 사진을 찍어 인스타그램에 올리기 시작했다. 이 고객들이 움직이면서 오픈갤러리는 인스타그램을 중심으로 입소문을 만들어갔다. 그 결과 광고비를 더 쓴 것도 아닌데 신규 유입 눈금이 눈에 띌 정도로 빠르게 움직이는 현상이 나타났다. 그렇다. 고객 자체가 전파 채널 역할을 제대로 해낸 것이다.

핵 중의 핵을 찾아낸 이후 오픈갤러리는 여기저기 찔끔찔끔 나눠서 집행하던 마케팅 예산을 긁어모아 그곳에 집중 투하하게 된다. 해당 아파트 단지 중심으로 무료 체험 프로모션을 한다든지 인근 지역의 분양용 모델하우스와 컬래버레이션을 한다든지 하는 식의 활동을 전개해나간다. 그 결과 더 크고 강력한 '전파의 선순환' 구조가 형성됐다. 불이 제대로 지펴

지면 입에서 입으로 기하급수적으로 퍼져나가는 입소문의 메커니즘을 제대로 만들어낸 것이다. 이 모멘텀이 오픈갤러리가 탄탄한 사업으로 성장하는 데 중요한 밑거름이 된 것은 두말할 필요가 없다.

핵 중의 핵은 쉽게 찾기 어려울 수 있다. 오픈갤러리가 시행착오를 겪었듯, 실제로 "이거다!" 하기 전까지 꽤 여기저기 찔러보고 시도해야 하는 경우가 많다. 하지만 그 과정이 지난하다고 해서 쉽게 포기하지 않고 꾸준히 계속 찾아내려 한다면 분명히 만날 수 있다. 우리 상품과 찰떡궁합이면서 전파력까지 갖춘 핵 중의 핵 고객을 말이다.

핵 중의 핵이 충분히 활약할 수 있도록 기다려라, 밥 지을 때 뜸 들이듯

핵 중의 핵을 찾아냈다면 이제 그들을 어떻게 활용하면 좋을지 생각해 볼 차례다. 여기서 핵심은 "그들이 알아서 신나게 떠들 기회를 충분히 만들어줘야 한다"는 것이다. 사실 이건 아주 상식적인 말이지만 막상 매출과 숫자에 쫓이는 CEO나 마케터가 되면 지키기 어려운 일이기도 하다.

우리가 남들에게 무언가에 대해 가장 신나게 떠들어대는 순간은 언제인지 한번 떠올려보자. 거기엔 중요한 공통점이 몇 가지 있다. 일단 떠들 대상이 독특하거나 쉽게 묘사할 수 있다면 말하기에 유리하다. 사진 1장이나 생생한 키워드 몇 개로 표현될 수 있다면 금상첨화다. 그리고 여기에는 꼭 필요한 조건도 있다. 바로 '남들은 아직 잘 모르는 낯선 것', 즉 참신한 요소여야 한다. 영어로는 'Novelty'라는 단어가 가까운 표현이다. 어떤 새로움이 있을 때, 전파의 핵은 자발적으로 남들에게 그 대상에 대해 떠들어준다. 문제는 타이밍인데, 전파의 핵도 남들 다 아는 이야기를 나서서 말하고 싶어 하진 않는다. 따라서 제품이 알려지기 전에 전파의 핵을 찾아내 참신한 요소를 전달하는 것이 무엇보다 중요하다.

남에게 전파하는 것을 즐기는 사람의 심리 기저에는 '이건 나만 아는 고급 정보인데 너에게만 알려줄게'라는 은밀한 욕망이 들어 있다. 이런 사람에게는 아직 다른 사람들은 잘 모르는데 '내가 가장 먼저 알고 시도했다, 트렌드를 선도하고 있다'는 느낌을 갖도록 하는 것이 중요하다. 이 같은 욕망과 느낌은 전파의 핵이 열심히 떠들도록 만드는 에너지의 원천이 된다.

이 시점에서 오픈갤러리가 다른 곳에 쓰던 광고비를 모두 거둬들여 특정 지역의 고객에게 몰빵한 점을 다시 한번 짚어볼 필요가 있다. 당장의 매출을 걱정했다면 쉽게 하기 어려운 의사결정이다. 한곳에서 에너지가 응축되어 폭발력을 갖도록 기다려주면 나중에 더 큰 임팩트와 매출로 돌아온다는 '역설 방정식'을 간파한 사람만이 쓸 수 있는 고급 기법이다.

결론적으로, 딱 맞는 전파의 핵을 찾았다면 그 에너지가 자생적으로 퍼지도록 약간의 뜸을 들일 줄 알아야 한다. 이 단계에서 섣불리 대대적인 광고를 할 경우 'Novelty'의 가치가 희석되면서 모멘텀이 꺾일 수 있으니 조심해야 한다.

또한 마케팅 액션과 매출 사이에는 어느 정도의 시간차가 생긴다는 점도 인지하자. 특히 이렇게 모멘텀을 자생적으로 달궈나가는 시기에는 그 시간차가 더 커질 수 있다. 다시 한번 말하지만 이때 어설프게 설레발치지 않도록 숨 고르기를 잘해야 한다.

이런 숨 고르기가 마냥 쉽지만은 않을 것이다. 당장 배가 고프면 뜸 들고 있는 밥솥의 뚜껑을 허겁지겁 열게 되는 것이 인지상정이다. 그렇다면 당장의 매출이 숫자로 안 나오는 이 시기를 무슨 힘으로 버티면 좋을까? 바로 전파의 핵에 아주 가까이 머무르면서 그들과 함께하는 것이다. 즉 전파의 핵을 직접 관찰하거나 그들의 행동을 밀착해서 따라가는 것이다.

일단 그들이 내가 원하고 예상하는 대로 움직여주는지 보는 것 자체가 중요한 지표가 된다. 꼭 숫자로 정량화되지 않아도 행동 패턴이 어떻게 달라지는지 관찰하다 보면 내가 예상하는 시나리오와 맞아떨어지는지 아닌지를 파악할 수 있다.

물론 시간과 노력이 꽤 들기 때문에 지속 가능한 방법은 아니다. 다만 이 '뜸 들이면서 지켜보기'는 전파의 핵이 움직이기 직전 특정 시기에 한해서는 꼭 필요한 일이다. 스토커 같지만 어쩔 수 없다. 매출에 대한 불안을 잠재우고 충분히 뜸을 들이기 위해서는 이 방법이 최상이다.

VIRAL③ 입소문의 핵을 찾은 기업 사례

'의외의 핵'이 마음껏 떠들 수 있도록 콘텐츠를 제공한 한국엘러간

보기만 해선 알 수 없는 제품이라면 콘텐츠를 제공하라

 전파의 핵을 잘 활용하기 위해서는 그들에게 꼭 맞는 콘텐츠를 제공하는 것이 중요하다. 노티드의 도넛처럼 한번 먹어보기만 하면 바로 제품의 우수성을 알 수 있는 직관적인 제품은 콘텐츠 제공에 별다른 노력이 들지 않는다. 한번 보면 절대 잊히지 않을 웃는 모습의 노란색 얼굴 디자인까지 곁들여졌으니!

 단 이렇게 단번에 효용을 알 수 있는 제품, 사진 1장만으로도 금세 퍼트려질 수 있는 카테고리의 제품이 아닌 경우가 실제로는 더 많다. 화장품, 식재료, 가전제품 등등 보기만 해서는 알 수 없는 제품이 얼마나 많은가?

필자가 경험한 의료기기 카테고리도 그중 하나인데, 다음 사례를 통해 전파의 핵을 십분 활용하는 방법을 알아보자.

필자가 한국엘러간㈜(Allergan Korea Ltd.)의 안면미용사업부에 근무하던 시절 겪은 일이다. 참고로 엘러간은 보톡스로 유명한 미국계 제약회사로 2019년에 관절염 치료제 휴미라를 보유한 애브비(AbbVie)에 인수됐다. 필자가 근무하던 시절 엘러간은 원조 보톡스를 개발한 회사인 데다 세계 판매 1위의 필러 브랜드 쥬비덤 등 프리미엄 제품을 다수 보유했음에도 유독 한국 시장에서 고전하고 있었다.

주요 원인으로는, 국내 제약 회사들이 저마다 저가의 시밀러 제품을 내놓으면서 병원마다 가격인하 경쟁이 치열하게 전개됐기 때문이다. 반면 엘러간은 전 세계 동일하게 프리미엄 정책이 확고한 회사였기 때문에 시장의 평균 단가가 낮아진다고 해서 가격을 내리는 결정은 하지 않았다. 그만큼 품질에 대한 자부심과 브랜드 자산을 지키려는 의욕이 컸다.

문제는 이런 상황에도 매출 목표는 맞춰야 한다는 것이었다. 당시 마케팅 예산은 매출액 대비 X%로 정해져 있었기 때문에 선투자도 어려웠다. 한정된 예산을 쪼개 쓰면서 임시방편적인 프로모션이나 할인을 하지 않고 마케팅 전략만으로 건강한 매출을 올려야 하는 상황이었다. 이 같은 진검승부 상황은 아마도 많은 사업가와 마케터가 마주하는 현실과 비슷할 것이다.

당시 우리가 선택한 전략 중 하나가 '핵 중의 핵'을 찾는 일이었다. 열악한 상황일수록 '매우 중요한데 평소에 놓치고 있던 것'을 찾는 데 집중해야 한다. 우리가 찾아낸 핵 중의 핵은 바로 병원의 상담실장이었다. 피부과나

성형외과를 찾는 소비자 입장을 떠올려보라. '내 예산 안에서 어디에 어떤 시술을 하면 좋을까?'를 맨 처음 상의하고 결정짓는 사람이 바로 상담실장이다. 정작 담당 의사는 비용 이야기를 하지 않으려 하기 때문에 결국 구매 결정에 직접적인 영향을 미치는 사람은 상담실장일 수 있다.

그러나 전통적인 제약사 입장에서는 상담실장을 핵 중의 핵으로 상정하기가 쉽진 않았다. 병원에 따라 상담실장이라는 직책이 있기도 하고 없기도 해서 편차가 있는 데다 이직률마저 높아서 영업 사원 입장에서는 밀착 케어가 어려웠다. 무엇보다 제약 회사 영업 사원들은 '의사가 가장 중요하다'는 강한 고정관념을 갖고 있어서 상담실장이라는 새롭게 뜨는 기회 요인을 전략적으로 보는 데까지 시행착오가 필요했다.

핵 중의 핵이 감탄할 만한 '씹고 뜯고 맛보고 즐길' 콘텐츠를 제공하라

당시 마케팅 팀은 영업 팀과 긴밀하게 협업해 '상담실장 채널'을 전략적으로 집중 공략하기로 결정하게 된다. 이에 따라 마케팅 예산의 많은 부분을 투여해 상담실장들의 커리어 개발과 상담 스킬 향상을 돕는 세미나, Top 30 상담실장과의 커뮤니티 프로그램 등 다양한 활동을 전개했다.

이 모든 활동 중 가장 효과적이었던 일을 하나만 꼽으라면 상담실장들의 상담을 도와주는 '콘텐츠 종합 선물 세트'였다. 이 콘텐츠는 기존의 의사용 전문 설명서나 일반인용 브로슈어와는 완전히 다른 차별화가 필요했다. 상담 과정에서 꼭 필요한 질문과 정보를 스토리로 담아내면서 자연스럽게 엘러간사 제품을 추천할 수 있도록 만들어야 했다.

한국엘러간㈜에서 진행한 상담실장 대상 교육을 기반으로 병원에서 자체 제작한 홍보물

 그 콘텐츠는 다음과 같다. '얼굴 노화의 원인 → 20대, 30대, 40대별로 달라지는 얼굴 노화의 징후 → 노화 징후를 자가 진단할 수 있는 방법 → 얼굴 부위별로 필요한 시술용 제품의 특징 → 마지막으로 (자연스럽게) 다양한 제형의 제품군과 함께 안전성이 검증된 엘러간 제품의 우수성에 대한 안내'로 흐르는 구조였다. 이렇게 일목요연하게 정리한 콘텐츠를 전국 1000여 곳의 피부과 및 성형외과 병원 상담실장을 대상으로 1년에 걸쳐 전파하고 교육했다. 일정 기간을 잡아 집중적으로 전파의 핵을 양성한 것이다.

당시 입소문에 가장 효과적인 콘텐츠는 주사기 속 필러 내용물을 직접 짜서 눈으로 보고 손으로 만지게 하는 시연 프로그램이었다. '쥬비덤 필러'는 1ml 주사기 하나에 몇십만 원을 호가하기 때문에 상담실장이라도 평소 내용물을 직접 만질 기회는 전혀 없었다. 쥬비덤의 핵심 차별점 중 하나가 부드럽고 매끈하면서도 탄성이 높은 제형을 지녀 경쟁사 제품보다 더 자연스럽고 오래간다는 점이었는데, 시연을 통해 이를 확인해볼 수 있도록 했다.

유효기간이 지난 쥬비덤 제품을 안전하게 폐기하는 조건으로 상담실장들이 아낌없이 만져볼 수 있게 해준 시연 프로그램은 빅히트를 쳤다. 평소 필러 제품의 내용물을 직접 다뤄보기 어려웠던 만큼 이런 경험은 전파력에 도움을 주었다. 머리로 이해하는 것보다 직접 보고 만지는 감각을 통해 얻은 경험을 더 강렬하게 기억하는 법이니까.

우리가 1년여 동안 전파의 핵인 상담실장들에게 쏟은 정성은 점차 응축돼갔다. 시간이 지나면서 서서히 우리가 원하는 메시지가 그들의 입으로 전달되기 시작했고 그것은 곧 소비자에게로 이어졌다. 수백 명이 수천 명, 수만 명으로 퍼져나간 것이다. 매출은 그 이후에 시간차를 두고 자연스럽게 따라왔다.

세 가지 고민 해결!
고객 관점의 가격 운영 방법

✓ **가격이 싸서 문제라면 → 해결책: 품질에 대한 확신을 심어준다**

표면적으로는 가격이 저렴한 것 자체가 이슈인 것 같지만 사실은 제품이나 브랜드의 '품질'이 가격 대비 충분히 괜찮은지에 대한 안심을 고객에게 주지 못했기 때문에 장애 요인이 되는 경우다. 따라서 이 경우에는 브랜드의 철학, 역사, 기술력에 대한 스토리나 제품 원료, 성분의 우수성을 강조하는 마케팅을 통해 '품질에 대한 확신'을 심어주는 것이 중요하다. 고객이 믿을 수 있는 전문가의 인터뷰 등을 활용하거나, 품질보증 서비스 프로그램의 강화, 외부 인증 등의 인증 마케팅을 활용할 수 있다. 또한 가격이 저렴한 게 문제니까 가격 자체를 인상하면 될 것 같지만, 가격을 이유 없이 올렸다간 기존 고객까지 떨어져나가기 때문에 조심해야 한다.

✓ **가격이 비싸서 문제라면 → 해결책: 프리미엄 가치를 높인다**

고객 입장에서 볼 때 가격이 타 브랜드, 제품보다 높은데 그만한 가치가 있는지 잘 모르겠다거나 혹은 저가 브랜드, 제품으로도 비슷한 효과를 볼 것 같은데 굳이 더 비싼 것을 살 필요가 있는지 모르겠다는 경우가 여기에 해당한다. 이럴 때는 우리 브랜드가 가진 효용 가치가 충분히 가격만큼의 가치가 있음을 설득하는 '프리미엄 인식'을 쌓는 작업이 필요하다. 프리미엄의 가치는 제품뿐 아니라 서비스와 제품을 사용하는 경험 등의 총체적인 '브랜드 경험'에서 전달이 되어야 하고 단순한 제품 성능뿐 아니라 브랜드가 주는 '감성적 가치'가 중요한 역할을 하게 된다.

체크리스트: 프리미엄 가치를 높이는 기회요인을 찾기 위한 질문법
- 가격에 상관없이 고객이 원하는 가장 강력하고 매력적이며 감성적인 효용 가치는 무엇인가? 나는 이 부분을 충분히 활용했을까?
- 고객이 '가격을 더 받아도 된다'고 생각하는 가치들의 우선순위는 무엇이고 이에 맞추어 우리 제품이 가진 속성을 대입해볼 때 매칭이 충분히 잘되고 있는가?
- 고객이 구매한 제품을 사용하는 경험을 통해 가격의 합당함을 충분히 인지할 수 있는가, 없는가? (AS, 고객서비스 및 제품력, 교체 주기 등등)
- 고객이 '소중한 투자/선물/작은 럭셔리' 관점으로 효용을 느낄 수 있는 카테고리인가? 그렇다면 나는 이 부분을 충분히 활용했을까?

✓ **구매하는 시점(FMOT, First Moment of Truth)에서 '가치'가 높아 보이지 않는다면 → 해결책: FMOT에서 경쟁사 대비 가치가 돋보이게 한다**

제품력이나 브랜드 이미지와 같은 근본적인 부분에서 가격 대비 갭이 나지 않음에도 불구하고 고객이 가격 저항감을 느낀다면 이는 구매가 일어나는 접점에서 뭔가 가치가 충분히 전달되지 않았기 때문이다. 따라서 해결책은 구매하는 시점(FMOT, First Moment of Truth 고객이 상품이나 서비스를 구매하기 위해 처음 만나는 순간, 예를 들어 오프라인 숍의 경우는 매대, 이커머스의 경우는 상품 소개 페이지 등이 해당된다)에서 가치를 더욱 돋보이게 하는 것이다.

체크리스트: FMOT에서 경쟁력을 점검할 수 있는 질문법

● FMOT에서 제품 포장이나 스펙만 봐도 경쟁사 대비 내 브랜드의 '가치'가 경쟁력이 있는가, 없는가?

● 위 질문에서 "없다"로 답한 경우 FMOT에서 내 브랜드의 효용, 강점, 가치를 설명할 수 있는가, 없는가? (즉 적절한 콘텐츠 개발, 판매 사원 및 유통업체의 협력을 얻을 수 있는가?)

07 CUSTOMER FOCUS

고객의 팬심이 없으면
오늘의 성공도 없다

가장 불만이 많은 고객을 통해 가장 많이 배울 수 있다.
"YOUR MOST UNHAPPY CUSTOMERS ARE YOUR GREATEST
SOURCE OF LEARNING."
by 빌 게이츠(기업인)

CUSTOMER FOCUS ① 고객 접점 관리의 최신 경향

고객의 불만과 욕망에 온 힘을 다해 귀 기울인다면 새로운 기회가 생긴다

한 회사의 상품과 서비스를 구매하고 사용하는 순간부터 고객은 그 회사와 관계를 맺기 시작한다. 제품에 예기치 않은 문제가 생기거나 도움이 필요한 순간이 왔을 때라면 더더욱 그 회사가 얼마나 고객에게 관심을 갖고 문제를 해결해주었는가에 따라 관계가 나빠질 수도, 돈독해질 수도 있다.

그렇다. 고객이 회사 문을 두드리는 바로 그 순간이 위기가 될 수도, 기회가 될 수도 있는 것이다. 최근 들어 고객의 리뷰와 평점이 브랜드 신뢰도 및 구매 전환율에 직접적인 영향을 준다는 사실이 부각되면서 회사의 문지기 역할을 하는 고객 센터의 중요성이 더욱 커지고 있다.

반면에 자주 하는 질문이나 간단한 고객 문의는 AI와 챗봇으로 대체하려는 움직임도 거세다. 혹자는 향후 5년 내에 고객 센터 업무의 50% 이상을 AI가 대체할 것이라는 전망도 내놓고 있다. AI가 고객이 처한 상황을 심층적으로 이해하고, 고객의 감정 상태까지 헤아리고, 고객이 왜 이런 문의를 하는지 근본적인 원인을 파악해서 문제 해결에 나서는 방향으로 진화할 것으로 보기 때문이다.

그렇다면 자연스럽게 이런 질문이 나올 만하다.

"AI가 고객 문의 중 50% 이상을 알아서 해결해준다면, 이런 AI를 경쟁사도 사용하게 된다면 앞으로 어떻게 고객 관리를 차별화하고 어디서 경쟁력을 키워야 할까?"

질문을 다시 해보자.

"AI가 고객 문의의 절반을 해결해준다면 남은 절반은 어떤 종류의 고객 문의가 될까?"

아마도 더 어렵고 더 중요한 문제들이 될 것이다. 그리고 이런 난도 높은 문제는 더더욱 '인간'이 정면에 나서서 해결해야 할 것이다. 고객 한 명 한 명의 문제에 더욱 집중하고 더욱 맞춤형으로 접근하면서 말이다.

문제가 적극적으로 해결될 때 고객은 안심을 넘어 감동하게 된다. 고객 감동이 확산력을 갖게 되면 그것 자체가 라벤더 포인트가 되는 것이다.

그렇다면 고객과의 최전선에서 고객 문제를 해결하고 감동을 줘야 할 고객 센터는 어떻게 관리되어야 할까? 고객의 목소리는 어떻게 수집되어야 하고 그것은 어떻게 경영전략에 반영되어야 할까?

이번에는 AI가 빠르게 적용되고 있는 이 시점에도 절대 포기할 수 없는 고객 접점 관리와 고객 의견에서 기회를 발견한 기업들 이야기를 해보자.

리더가 먼저 움직여 고객 센터와 스몰 토크를 할 것

CEO에게 가장 밀착된 부서는 어디일까? 대부분은 돈줄을 쥔 재무 부서와 인사정책을 총괄하는 HR 부서라고 답할 것이다. 재무나 인사, 전략 같은 스태프(Staff) 부서는 CEO의 경영 철학을 회사 전반에 퍼뜨림과 동시에 영업 현황과 구성원 동향을 CEO에게 전달하는 역할을 하기 때문에 중요도가 물론 크다. CEO를 직접 대면해 기밀 사항을 나누는 경우도 많아 대개는 CEO 자리와 가까운 곳에 이들 부서가 위치하게 된다.

CEO에겐 이들 스태프 부서가 익숙하고 편안한 '컴퍼트 존(Comfort Zone)'일 수 있다. 그러나 비즈니스에서 라벤더 포인트를 찾고 싶은 CEO라면 이 컴퍼트 존을 벗어나야 한다.

요즘 성공하는 리더들은 과거보다 훨씬 더 고객에 가까이 밀착되어 있다. CEO의 눈과 귀가 고객을 향해 더 열려 있고, 현장에서 직접 뛰는 영업사원 못지않게 고객의 언어와 관점에서 고객을 이해하고 있다.

그런데 이 같은 고객 이해는 안타깝게도 저절로 되지 않는다. 폐쇄적인 사무실 독방에 틀어박혀 밀린 이메일에 정신을 팔거나 임원 회의만 왔다 갔다 했다간 빠르게 바뀌는 세상 흐름과 고객의 변화를 찰나의 순간에 놓치기 쉽다.

고객에게 가까이 가기 위해서는 의도적인 노력과 장치가 필요하다. 필자가 제안하는 가장 확실한 방법 중 하나는 고객 센터를 CEO 옆방으로 옮기는 것이다.

이것이 고객 센터의 물리적인 위치를 CEO 바로 옆으로 옮기라는 의미는 아니다. 그럴 정도로 CEO의 일상과 가까이 있어야 한다는 의미다. 실제로 앞서가는 많은 기업이 고객 센터의 중요성을 간파하고 고객 센터를 별도의 부서로 만들거나 고객 센터 리더에게 더 많은 의사 결정권을 주고 있다.

고객의 소리를 잘 정리한 보고서가 독인 이유

리텐션(Retention: 기존 고객의 유지) 관리와 고객 리뷰가 무엇보다 중요해진 요즘, 작은 회사인 경우에는 CEO가 고객 센터를 통해 들려오는 고객의 소리에 바로바로 귀 기울일 수 있다. 하지만 큰 조직일 경우 고객 센터에 접수된 수백 수천 건의 콜에 대해 리더가 일일이 관심을 갖고 챙기기는 쉽지 않다. 아이러니하게도 수많은 콜을 착실하게 정리해주는 주간 및 월간 통계 시스템이 오히려 고객의 소리와 멀어지도록 만든다. 이 시스템은 고객 센터에 접수된 문의를 카테고리별로 깔끔하게 정리하고 문의의 추세까지 분석해준다. 매일 이 같은 통계를 접한 리더들은 스스로 '고객의 목소리를 충분히 듣고 있다'는 착각에 빠질 수 있는 것이다. 하지만 잘 정리된 '평균값과 합계 값' 중심의 통계로는 그 어떤 인사이트도 발견하기 어려울 때가 많다.

이 같은 모순을 인위적인 방법이나 단발적인 프로그램으로 극복하려 하는 시도 또한 그다지 긍정적이진 않다. 예를 들어 필자가 던힐(Dunhill)로 유명한 외국계 담배 회사(BAT Korea)에 다닐 때 일이다. CEO가 "리얼한 시장 상황을 체크하기 위해 소매점이나 편의점에 불쑥 들러 점주와 고객의 의견을 듣겠다"고 선언하자 영업 팀이 CEO의 주중 및 주말 동선을 파악해 주변 점포를 집중 관리하기 시작했다. CEO가 사는 동네, 주말에 갈 만한 가게, 출퇴근 노선에 해당되는 소매점 등에서 제대로 된 '점주와 고객의 소리'를 들을 수 있었겠는가?

고객의 소리를 생생하게 듣겠다는 취지 아래 회사별로 다양한 프로그램을 실시하기도 한다. 신제품이 나오면 전 직원을 1일 판매 사원으로 근무하게 하거나 신입 사원 교육 차원에서 일정 기간 판매 팀 배치를 의무화하는 회사도 있다.

보고 형식이 아니라 대화 형식으로 들어라

이 같은 프로그램도 없는 것보다는 낫지만 좀 더 근본적인 방법을 찾고자 한다면 'CEO의 업무 루틴'에 '고객의 소리 듣기'를 포함시켜야 한다. 이때 가장 중요한 포인트가 '어떤 방식으로 듣느냐'이다. '주간 통계'나 '정례 보고'가 담지 못한 이야기가 나올 수 있으려면 '보고 형식'이 아니라 '대화 형식'이 꼭 필요하다. 예를 들어 "어제 받은 고객 문의 200건 중에 가장 기억에 남는 3건만 이야기해볼래요?"와 같은 질문이면 아주 구체적인 답을 얻을 수 있다. 잘 다듬어진 보고서가 아니라 직원들과의 편안한 스몰 토크에서 고객과 비즈니스에 대한 진짜 인사이트가 얻어지는 것이다.

CEO가 고객 센터에 시간을 많이 할애하는 것은 그 자체로 "고객을 최우선으로 한다"는 강력한 메시지를 조직에 전파하는 효과가 있다. 실제로 고객 센터에 접수되는 많은 문의와 민원은 회사 내 다양한 부서 리더들에게 긴장감을 주는 '메기효과(Catfish Effect)' 역할을 한다.

고객 불만의 경우 표면적으로는 1건의 민원이지만 그 원인을 제대로 파보면 R&D, 생산, 품질관리, 마케팅, 영업, 물류, 재무 등 직간접적으로 많은 부서와 밀접하게 엮여 있다. 따라서 "우리 CEO는 고객 센터에 들어오는 생생한 고객의 소리를 자주 듣는다"는 전언만으로도 조직은 건강한 긴장감을 갖게 된다.

CUSTOMER FOCUS② 고객 접점 관리로 성공한 4개의 기업

고객 문제 해결사 →
고객을 기획자와 마케터로 모실 것!

도심에 나가 기사들에게 앱 사용법을 가르치다, 그랩(Grab)

　리더가 업무 루틴 안에서 고객의 소리를 듣고 경영에 반영하는 과정이 쌓이면 조직문화로 발전할 수 있다. 조직문화가 되기 위한 필요조건은 '고객에 대한 리더의 관점을 기업가치로 정의하고 이를 사내외에 공개해 알리는 것'이다. 단 '고객 우선주의'는 너무도 흔한 말이어서 이것이 기업문화로 뿌리내리기 위해서는 꾸준한 '실천'을 통해 상당 기간 내재되어야 한다. 실제로 근래에 성공한 많은 회사에서는 '고객을 최우선으로(Customer First)'라는 기업 철학을 진정성을 가지고 실천하고 있다. 몇 가지 사례를 통해 살펴보자.

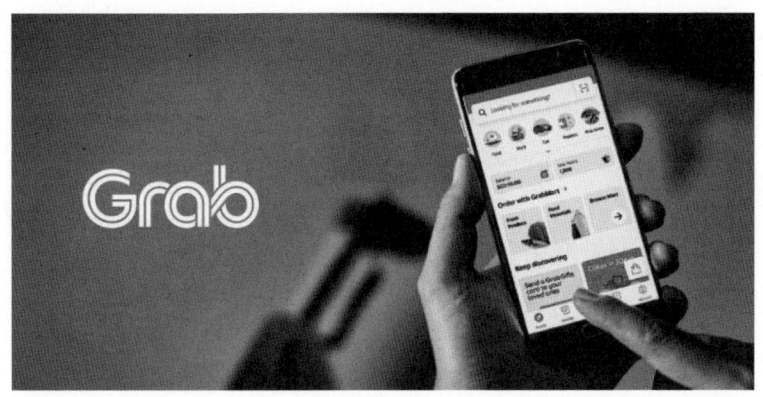

'아시아의 우버'라고 불리는 동남아시아 1위 콜택시 & 배달 서비스 업체인 그랩(Grab)의 경우 고객 중심의 기업가치를 "당신의 문제는 곧 나의 문제입니다(Your problem is my problem)"라는 말로 명확하게 표현해냈다. "그랩을 이용하는 고객과 파트너인 기사들을 최우선으로 생각하겠다"는 선언이었다. 실제로 그랩이 이를 실천하는 모습은 더욱 놀랍다.

그랩이 싱가포르에서 처음 사업을 시작했을 당시 일화다. 스마트폰과 앱 사용에 서툰 택시 기사들을 위해 그랩 직원들은 기사들이 자주 모이는 식당이나 공항, 쇼핑몰 주변에 나가 손수 앱을 깔고 시연하면서 도움을 주었다.

그랩은 고객의 다양한 피드백을 수집하고 이를 서비스 개선에 적극적으로 반영해 탁월한 고객 경험을 만들어나가고 있다. 콜택시 서비스의 경우 기사에 대한 단순 평점뿐 아니라 우수 기사에게 차별화된 인증마크를 부여해 기사들의 서비스 질을 한눈에 볼 수 있도록 했다. 또한 승객의 안전을 도모하기 위해 다양한 서비스를 제공한다. 예를 들면 이동하는 내내 차

내 상황을 실시간 녹음하는 기능, 그랩 기사 전원의 안면 인식을 통해 대리 운전이 불가능하도록 관리하는 기능, 안전 운행에 대한 별도의 평점 기능 등이다.

'고객 불만 사항 제로'를 목표로 달리다, 마켓컬리

한국에도 좋은 사례가 있다. 2024년 상반기, 창업 후 처음으로 흑자를 달성한 마켓컬리 이야기다. 마켓컬리에는 국내 최초의 새벽 배송, 상품위원회를 거쳐야 하는 까다로운 상품 선정 프로세스, 양질의 PB상품 등 몇 가지 성공 요소가 분명 있다. 하지만 필자가 보는 핵심 요소는 '고객 만족을 위한 밀착된 소통 문화'다.

마켓컬리의 고객 리뷰는 친근하면서 자세하고 생생한 것으로 유명하다. 구입한 식재료를 어떻게 활용하는지, 자신만의 비법 레시피는 무엇인지 등 고객이 올린 콘텐츠가 풍성하다. 몇천 원짜리 식재료를 구매한 사람들이 어떻게 그렇게 정성스러운 리뷰를 쓸 수 있을까? 그 열정과 로열티는 도대체 어디서 나오는 것일까?

여기에는 그동안 열심히 고객을 아끼며 소통해온 마켓컬리의 노력과 조직문화가 숨어 있다. 마켓컬리는 한때 회사의 목표를 'VOC(Voice of Customer: 고객 불만 사항) 0%'로 정했다. 고객의 불만 사항에 대해 사과와 즉각적인 대응은 물론 불만의 근본 원인을 분석해 회사 시스템 개선에 활용한 것으로 알려져 있다.

다음 페이지에 소개된 예시를 한번 보자. 소비 기한이 지난 닭을 받은 고객의 불만 후기에 마켓컬리 담당자가 남긴 답변이다. 정중한 사과와 더

불어 즉각적인 환불 조치, 추후 예방책까지 흠잡을 곳 없는 답변을 남기고 있다. 이 글을 보는 다른 고객은 어떤 생각을 하게 될까? '마켓컬리에 불량품이 있다니 실망이야'라고 할까, 아니면 '마켓컬리도 실수를 하지만 실수를 인정하고 이를 개선하려고 노력하는구나'라고 생각할까?

고객과의 소통에 진정성을 보인다는 것은 자신의 부족함도 투명하게 공개될 수 있음을 자각하기에 가능한 일이다. 이런 자세에는 용기도 필요하지만 상대방이 그 진정성을 알아줄 거라는 믿음도 필요하다.

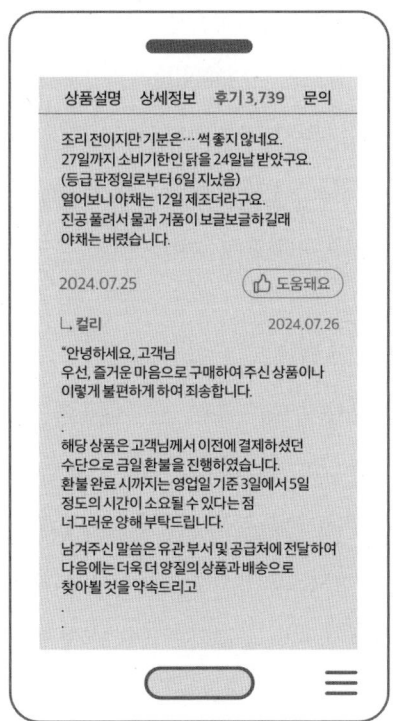

고객 불만에 대한 마켓컬리의 대응

리더가 직접 고객 센터에 많은 시간을 할애하고 고객 중심의 가치를 조직문화로 뿌리내리는 데에서 한발 더 나아가 고객의 목소리를 체계적으로 수집해 신제품 개발에 활용하는 사례가 최근에 늘고 있다.

고객 관점을 신제품 개발에 어느 정도 반영하는 건 늘상 해오던 일이지만 사회가 복잡해지고 욕구가 다양해진 현 시점에서는 한계가 명확했다. 제품 개발 프로세스는 복잡한 데 비해 고객의 목소리는 다소 뻔하고 일반적일 수 있기 때문이다. 예를 들어 신차 개발을 앞두고 고객에게 "어떤 차를 원하십니까?"라는 평면적인 질문을 하게 되면 "더 빠르고, 더 세련되고. 더 연비가 좋고, 가격도 합리적이면 좋겠다"는 식의 당연한 이야기가 나올 수 있다. 고객의 목소리는 미래의 잠재적인 욕구를 반영하지 못한다는 '고객조사 무용론'이 나온 이유이기도 하다.

하지만 이 모든 한계를 자신만의 방식으로 극복하면서 고객을 제품 개발의 핵심 요소로 활용한 기업들이 있다. 이번엔 그 이야기를 한번 해보자.

신제품 개발을 고객과 함께하다, 글로시에

300만 명이 넘는 인스타그램 팔로어, 연간 매출액 3000억 원, 창업 10여 년 만에 기업가치 2조 원에 육박하는 엄청난 기록을 세운 화장품 브랜드가 있다. 바로 미국의 뷰티 스타트업 글로시에(Glossier)다.

글로시에는 남들과 다른 고객 소통법으로 여기까지 왔다. 제품 홍보와 브랜드 스토리를 알릴 목적으로 고객과 소통할 뿐 아니라 신제품 개발의 전 과정에 고객을 참여시킨다.

몇 년 전 출시되어 히트 친 클렌징 제품 '밀키 젤리 클렌저(Milky Jelly

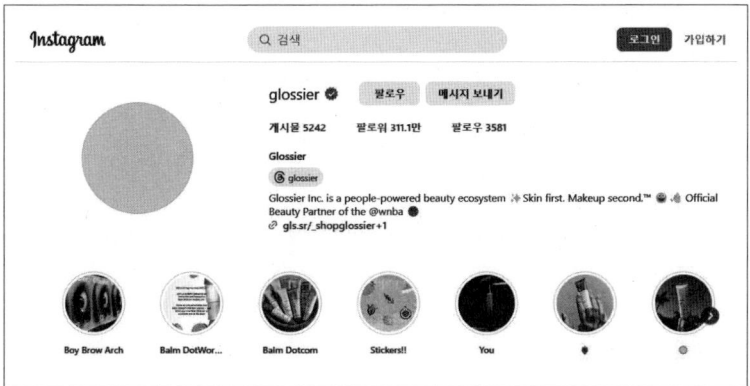

글로시에 인스타그램 페이지

Cleanser)'의 경우 "여러분이 꿈꾸는 이상적인 페이스 클렌징 제품은 어떤 건가요?"라는 질문을 던지면서 신제품 개발을 시작했다. 질문을 던진 이후 쏟아진 다양한 피드백을 기반으로 40여 가지가 넘는 제품 샘플을 만들었고, 이를 직접 고객들에게 테스트한 뒤 최종 제품을 선정했다. 고객 참여는 여기서 끝나지 않고 패키지디자인을 포함한 최종 단계까지 이어졌는데 이때는 몇십 명의 고객이 글로시에 본사 회의실로 초대되어 직원들과 함께 피자를 먹으며 의견을 나눴다. 회의실 장면을 보면 누가 고객인지 누가 직원인지 구분이 안 갈 정도로 한 팀의 모습이었다. 이런 과정을 거쳐 나온 밀키 젤리 클렌저는 메가 히트를 쳤다.

이후 출시된 립 제품 '울트라립(Ultralip)'의 경우 앞선 성공 경험에 힘입어 더 적극적으로 고객을 참여시켰다. 먼저 인스타그램과 블로그를 통해 고객이 기존 립 제품에 대해 아쉬워하는 점이 무엇이고 이상적으로 꿈꾸는 립 제품은 무엇인지에 대해 다양한 의견을 들었다. 이를 통해 "고객은 립스틱이 가진 선명한 색상에 립글로스가 가진 반짝거림, 립밤이 가진 촉촉함을 모두 갖춘 제품을 원한다"는 것을 알게 됐고 이를 신제품이 구현해야 할 최종 목표로 세팅했다.

  방향은 명확했지만 실제 제품으로 구현하는 것은 또 다른 이야기이기 때문에 다양한 샘플을 개발해 직접 고객에게 테스트하고 의견 수렴을 하면서 옵션을 좁혀갔다. 글로시에는 이 모든 과정을 투명하게 자신이 운영하는 SNS를 통해 실시간으로 공유했다.

  이렇게 탄생된 울트라립은 뷰티 마이크로 인플루언서이자 글로시에 브랜드의 팬 그룹에게 출시 전에 전해져서 미리 리뷰가 올라올 수 있도록 했다. 이 콘텐츠는 다양한 인종과 피부를 가진 사람들이 어떻게 최상의 조건으로 울트라립을 사용할 것인가에 대한 가이드 역할을 했다. 그야말로 신제품의 키 콘셉트부터 제품 차별화 포인트 개발 및 출시 캠페인까지 모든 과정을 고객과 함께한 것이다.

  물론 글로시에의 경우 제품에 대해 비교적 적극적으로 의견을 개진할 수 있는 소비재 화장품 카테고리라는 특징이 있다. 그렇다면 좀 더 전문성이 필요한 제품에도 유사한 사례가 있을까?

'모닥불 토크'로 고객의 진짜 니즈를 캐치하다, 스노우피크

  '캠핑계의 샤넬'로 불리는 스노우피크(Snowpeak)는 캠퍼들에겐 유명한 브랜드다. 단가가 높기 때문에 풀 세트 장만은 어려워도 몇몇 아이템은 꼭 소장하고 싶어 하는 사람이 많다. 한국에서는 아웃도어 전문 어패럴 브랜드로 확장한 덕분에 비교적 짧은 시간에 대중적 인지도와 인기가 올라간 브랜드이기도 하다.

스노우피크는 혁신적인 신제품을 선보이는 것으로도 인정을 받는데, 신제품에 대한 아이디어와 영감을 얻는 그들만의 독특한 방식이 있다. 바로 '스노우피크웨이(Snowpeakway)'란 프로그램이다. 이는 매년 7, 8회씩 스노우피크에서 직접 진행하는 캠핑 이벤트로, 2박 3일 동안 스노우피크 회사 직원들과 고객이 함께 어우러져 캠핑을 한다.

2024년 상반기 기준, 45회째 이어지는 스노우피크웨이에 초대된 고객은 2박 3일 캠핑을 즐기면서 동시에 스노우피크 직원들과 친구처럼 어울리며 캠핑 관련 대화와 경험을 공유했다.

스노우피크웨이의 대표적인 세부 프로그램으로 '모닥불 토크'가 있다. 이때 고객과 스노우피크 직원들은 모닥불 앞에 옹기종기 모여 앉아 대화를 나눈다. 캠핑이란 공통 관심사가 있고 여기에 모닥불이란 장치로 인해 대화는 자연스럽게 캠핑과 관련된 다양한 이야기로 꽃을 피운다. 스노우

2024 스노우피크웨이(출처: 스노우피크 웹사이트)

피크 장비와 함께했던 에피소드부터 장비 사용 후기까지 고객들은 내면에 간직한 속 깊은 이야기들을 꺼내기 시작한다. 스노우피크 직원들은 이때 나오는 고객들의 깊고 솔직한 이야기에서 많은 깨달음을 얻고 신제품 개발에 필요한 힌트도 얻는다. 짜인 각본이 아니라 캠핑이라는 세계로 오롯이 몰입한 그 순간에 비로소 나올 수 있는 속 깊은 내면의 이야기이기에 더 소중하다.

스노우피크가 선보인 신제품 중 겨울용 텐트나 좌식 스타일 캠핑용 장비의 경우 스노우피크웨이에서 얻어낸 고객 인사이트를 활용해 개발된 한국 맞춤형 제품이다.

디지털 채널을 적극 활용한 글로시에와 철저하게 오프라인 이벤트를 활용한 스노우피크. 접근하는 채널은 완전히 달랐지만 여기엔 몇 가지 중요한 공통점이 있다.

일단 고객을 브랜드의 진성 팬으로 만들기만 하면 고객은 마치 회사 직원이기라도 하듯 브랜드가 잘될 수 있는 아이디어를 열정적으로 고민하게 된다는 것이다.

그러기 위해서는 고객이 충분히 자신의 의견을 표현할 수 있는 적절한 소통의 장이 있어야 한다. 한 가지 유의할 점은 기업이 이를 일회성으로 또는 단편적으로 이용하려 들면 안 된다는 것이다. 고객에게 진심으로 감사를 표하고 고객 피드백을 활용하는 모든 과정을 투명하게 공유한다는 전제가 필요하다.

미국 설치미술가 바버라 크루거의 〈나는 쇼핑한다 고로 나는 존재한다 (I shop therefore I am)〉라는 작품 제목처럼 자본주의 사회를 사는 고객은 더 이상 단순 필요에 의해 제품을 사지 않는다. 자신의 정체성을 표현하는 수단으로 소비를 한다. 자신이 지향하는 가치와 맞고 자신이 인정받는다는 느낌을 주는 브랜드가 있다면 그 브랜드 회사 직원처럼 깊이 관여하고 그것을 보람으로 생각한다. 지금은 회사 안의 마케팅 팀 직원만이 마케터가 아니다. 진성 팬 고객이 마케터처럼 활약할 수 있는 세상이다. 회사가 어떻게 고객을 바라보고 활용하고자 하는지에 따라 그들의 가치와 역량이 달라진다. 한마디로 직원을 육성하는 과정과 꼭 닮았다.

08 IDEATION

비즈니스 들판에 불을 지피는
라벤더 포인트 발상법 네 가지

우리가 창조한 세계는 우리가 생각하는 과정이다.
결국 우리의 생각을 바꾸지 않으면 세상을 바꿀 수 없다.
"THE WORLD AS WE HAVE CREATED IT IS A PROCESS OF OUR THINKING.
IT CANNOT BE CHANGED WITHOUT CHANGING OUR THINKING."
by 알베르트 아인슈타인(물리학자)

 IDEATION 탁월한 발상을 위한 방법론

아, 어떻게 저런 생각을?
발상은 재능이 아니다, 습득이다

탁월한 발상을 위한 두 가지 룰, 성찰과 도전

    발상 역시 다른 재능과 유사하게 근원적으로 타고난 사람들이 있다. 하지만 평범한 우리는 누군가의 발상을 지속적으로 관찰하고 분석하면서 그 노하우를 계속 습득하고 우리 안의 재능으로 체화하는 수밖에 없다.

    이 챕터는 필자가 본 탁월한 발상 케이스 중에서도 "아!" 하고 무릎을 탁 치게 만들었던 사례와 "어떻게 저런 생각을 할 수 있지?"라는 경탄 포인트 그리고 "만약 내가 발상했으면 아마 저 지점에서 멈췄을 거야" 했을 자문자답들을 모은 것이다. 더 나아가 과연 그 발상이 어떻게 이뤄졌는지 역추적하고 무엇이 우리를 평범함에 머무르게 하는지 그리고 어떻게 하면 자신의 한계를 극복하고 탁월한 라벤더 포인트를 발상할 수 있는지를 이야기하고자 한다.

탁월한 발상을 위해서는 두 가지 기본값이 필요하다. 바로 자신에 대한 성찰과 권위에의 도전이다. 자신에 대한 성찰은 우리가 살아오면서 알게 모르게 얼마나 타성에 젖어 있는지를 자각하면서 나의 뇌를 리프레시하는 과정이다. 권위에의 도전은 이미 형성되어 있는 것, 익숙한 것에 의문을 품고 당연시해온 것에 대해 도전 의식을 가져보는 것이다. 여기서 가장 중요한 것은 나를 옭아맸던 많은 것을 끊어내고 내 안의 가능성에 문을 활짝 열어주려 하는 적극적인 마음가짐이다.

자기 성찰과 권위에 대한 도전이라는 두 가지 룰을 유념하면서 먼저 우리의 탁월한 발상을 방해하는 요소는 무엇인지 아래 두 가지 점검 포인트를 통해 찾아보기로 하자.

점검 포인트 1. 저소득층이 더 유명 상표를 찾는 이유

미국의 한 생활용품기업이 소비자 조사를 하던 중 언뜻 잘 이해가 되지 않는 리서치 결과치를 접하게 됐다. 저소득층일수록 가격이 저렴한 제품을 찾는 것이 아니라 브랜드화된 제품, 즉 어느 정도 고가이면서 알려진 제품을 사려는 경향이 있다는 점이었다.

그 이유는 무엇일까? 별다른 성찰 없이 타성에 젖어서 할 수 있는 답변은 "있어 보이고 싶은 허세 때문에?", "알려진 제품에 왠지 믿음이 가니까?" 정도일 것이다. 예상대로 이 대답은 틀렸다.

저소득층이 오히려 가격이 비싼 브랜드 상품을 선호하는 이유는 무엇일까? 위의 기업이 찾아낸 이유는 심플했다. 저소득층에겐 돈이 없기 때문이다. 특히 실패할 돈이 없다. 그들에겐 지금 선택이 반드시 옳아야 하고, 시행착오는 안 된다. 즉 돈이 없기 때문에 고가의 브랜드를 사는 역설적 행동이 나오는 것이다.

이 저소득층이 세제를 산다고 가정해보자. 마트를 기웃거리다가 눈에 띄는, 브랜드가 낯설어서 검증이 안 됐다고 생각되는 제품을 사고 말았다. 그 제품이 원하는 퀄리티를 내지 못할 경우 그는 예상하지 못한 지출을 다시 해야 하는 상황에 맞닥뜨리게 된다. 이것저것 테스트하거나 실패해보는 것은 고소득층에게는 하나의 에피소드이지만 저소득층에겐 일종의 리스크다. 그러니 안전하게 브랜드 제품을 사는 것이 합리적인 선택이다.

'저소득층=싼 제품 선호', 이런 단순 도식은 표면에 떠다니는 타성적인 생각일 뿐이다.

점검 포인트 2. 부둣가 노동자들이 도박에 더 잘 빠지는 이유

한때 미국에서는 부둣가 노동자들의 도박중독 폐해가 사회 문제가 된 적이 있다. 대책 마련을 위해 한 노동 관련 기관에서 심층 조사를 해본 결과 다른 계층에 비해 특히 부둣가 노동자들의 도박중독이 심각한 것으로 나타났다. 이런 결과를 접하면 보통 우리는 그 이유를 무엇이라고 생각하게 될까? "부둣가 노동자들의 급여가 센 편이니 현금을 바로 판돈으로 사용한 결과다", "바닷가라 노동 후 소일거리가 없어서 도박판을 기웃거리게 됐다" 등의 답변을 내놓지 않을까?

역시 우리의 대답은 틀렸다. 이 질문의 답은 "사냥 본능"이었다. 사냥 본능은 무엇인가? 몇만 년 전 인류는 수렵과 사냥에 의존해서 생명을 유지했다. 사냥을 위해서는 언제, 어디를 지켜서, 어떻게 포획하겠다는 일종의 기획이 필요하다. '사냥 기획'이라는 인류의 의무이자 생존 기반 요소가, 산업화를 거치면서 일부 계층에서는 거의 사라져버렸다. 그나마 화이트칼라 계층에서는 사무실이라는 특정 공간에서나마 업무 중에 '기획이 포함된' 일을 하기 때문에 이러한 사냥 본능을 일부라도 해소할 수 있다.

반면 일용직 노동자들의 경우에는 위에서 하달한 지시를 단순하게 수행할 수밖에 없다. 따라서 자신의 의지대로 기획하고, 상황을 판단하고, 행동하는 활동이 크게 제한된다. 안타깝게도 이 사냥 본능은 인류에게 내재화되어, 옅어질 뿐 없어지지 않았다. 따라서 도박 자체의 속성, 즉 머리를 쓰고 돈을 걸고 빠지고 하는 일종의 기획에 더 깊이 함몰된다고 하는 것이 심층 조사의 결과였다.

놀랍지 않은가? 우리가 이런 생각을 하지 못하는 기저에는 '부둣가 노동자=단순 업무 종사자=단순 업무 선호자=기획 비선호자'라는 등식이 숨어 있다. 모두 기존 인식에 바탕을 둔 타성적인 흐름이다.

많은 국가의 사회 이슈인 노숙자 문제 역시 위 케이스에 해당한다고 볼 수 있다. 노숙인들에게 쉼터와 음식을 제공해도 계속 그곳을 빠져나오려고 하는 진정한 이유는 무엇인지, 기저 심리의 파악이 필요하다. 그래야 문제 해결이 가능하기 때문이다.

이 두 가지 케이스를 통해 무엇을 깨달을 수 있을까? 담대한 발상을 하기에는 우리가 꽤 진부하다는 것을 받아들여야 한다. 알게 모르게 우리는 기존 관념과 의식의 흐름에 젖어 있고 사람을 바라보는 시각도 고착화되어 있다.

자기 성찰과 권위에의 도전이 말처럼 쉽지 않다는 것을 깊이 인식하면서 필자가 터득한 몇 가지 발상법에 귀를 기울여주면 좋겠다. 더불어 대담한 발상을 하고자 할 때 무엇이 우리의 발목을 잡는지도 살펴보려 한다. 방해 요소를 제거해야 제대로 된 발상을 할 수 있으니까.

한 가지 잊지 말아야 할 것은 우리 발상의 목표가 라벤더 포인트를 찾는 데 있다는 것. 라벤더 포인트는 콘셉트 자체일 수도, 카피일 수도, 이미지일 수도 있고 심지어 미디어일 수도, CS센터일 수도 있다. 무엇이 당신의 브랜드를 100점짜리 성공으로 이끄는 라벤더 포인트가 될지, 그걸 어떻게 찾을지 지금부터 살펴보자.

라벤더 포인트 발상법 1
버즈 아이 뷰를 가져라, 우리 업의 작은 굴레를 벗어나라

발목 잡는 요소 경쟁자에 대한 좁은 시각, 물성을 근거로 한 경쟁 우위에 함몰되는 습관

작은 기업에서 마케팅이나 기획을 하다 보면 종종 제품 자체에 함몰되어 버리곤 한다. 제품의 특징을 살리는 것이 비교적 안전하고, 익숙하며, 예산도 많이 들지 않는다는 고정관념이 있기 때문이다. 제품 특성 위주로 생각하는 것은 공급자 마인드에서 나온 것으로 고객 입장에서 생각해보는 것을 방해하는 요소다. 이런 상황에서 나온 아이디어는 제품 스펙만 줄줄이 나열하는 아웃풋(Output: 결과물)을 양산하게 마련이다. 그 결과 고객 살갗에 닿는 터칭 강도를 약하게 만든다.

또한 지나치게 작고 좁은 시선을 가진 아이데이션(Ideation: 아이디어를 찾는 과정과 행위)은 고만고만한 아이디어의 양산이라는 악순환을 불러온다. 이 상황에서는 라벤더 포인트를 찾기 어렵다.

필자가 추천하는 방법은 제품 위주의 사고에서 벗어나 그 제품을 사용하는 소비자의 환경과 상황까지 보는 것이다. 다시 말해 버즈 아이 뷰(Bird's Eye View)를 가지라는 이야긴데 이것은 새가 먹잇감을 찾을 때 하늘 높이 올라가서 아래를 내려다보듯 넓은 시야로 보는 것을 말한다.

버즈 아이 뷰를 갖는다는 것은 무엇을 의미할까? 자사 제품을 애지중지하는 데서 벗어나 경쟁자와 고객 관점에서 제품을 바라보는 것을 말한다. 여기서 경쟁자란 동종 업계에 속한 직접 경쟁자, 더 넓은 의미의 간접 경쟁

자를 다 포함한다. 고객 관점이란 자사 제품을 사용하는 고객들의 실생활을 들여다보고 니즈와 디테일한 상황을 캐치하는 것을 말한다.

왜 그렇게까지 해야 할까? 자사 제품이 가진 강점을 이미 경쟁자가 가졌다고 선언했을 수도 있고, 어쩌면 고객 입장에서는 그 강점이 중요하지 않을 수도 있으며, 과거에는 중요한 구매 기준이었으나 현 시점에는 퇴색되어 설득 강도가 약해졌을 수도 있기 때문이다.

따라서 버즈 아이 뷰를 갖고 사안을 바라보게 되면 우리의 강조점이 사람들의 현재 욕망을 다 반영하지 못한다는 것을 발견할 수 있다. 또한 우리 제품이 가진 가치를 다른 카테고리 제품이 채워주고 있다는 사실도 깨닫게 된다. 이런 인식은 철저히 고객 입장에서 아이데이션하도록 우리를 이끌어준다.

결국 버즈 아이 뷰란 우리 주변이 규정해놓은 굴레로부터 도망가서 사안을 바라보는 것을 의미한다. 바로 지금 이 순간 사람들의 욕망과 그들을 움직이는 철학, 그들의 추구미를 깊이 이해하는 것이다. 세상의 큰 물줄기에서 우리 브랜드가 만날 수 있는 지점을 찾아보기 위해 시선을 높게, 시야를 넓게 펼치는 작업이다. 사례를 들어 생각해보자.

삼성 비스포크_ 가전이 아닌 주방과 거실 인테리어로 접근하다

삼성전자와 LG전자는 가전계의 라이벌이다. 소위 백색가전으로 불리는 이 분야는 은근히 LG전자의 반보 앞선 행보가 당연시되던 시장이었다. 그 시장에서 삼성전자의 일대 반격이 시작되는데 바로 비스포크 라인업을 통해서다.

삼성전자가 벌인 이 싸움의 가장 중요한 포인트는 제품 간의 싸움을 벗어나도록 기획한 것이다. 즉 삼성 냉장고가 좋냐 LG 냉장고가 좋냐, 삼성 TV가 OLED를 탑재했냐 안 했냐 같은 스펙의 전장이 아니라 생활공간이라는 보다 높은 차원에서 가전에 대해 소비자에게 주는 가치제안을 색다르게 했다는 데 있다.

주방 벽면 전체를 어떤 컬러로 선택할 거냐, 싱크대와 어울리는 가전 디자인은 무엇이냐 등 어떤 한 지점이 아니라 공간 전체를 세일즈하는 관점에서 가전의 가치를 제안했던 것이다.

이런 시각은 도어나 냉각 기술력 같은 제품 하나하나의 디테일에서 벗어나 보다 넓은 관점에서 가전을 바라본 버즈 아이 뷰에서 나왔다. 그리고 이것이 바로 삼성이 오랜 숙적 LG에 모처럼의 원 펀치를 날린 라벤더 포인트였다.

삼성이 버즈 아이 뷰로 찾은 라벤더 포인트가 더욱 강력한 이유는 경쟁자의 기존 가치 제안을 진부하고 트렌드에 뒤처진 것으로 만들어버리기

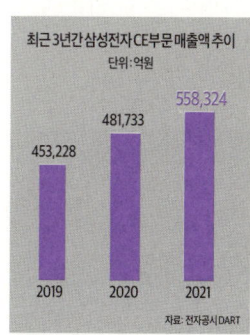

삼성전자 비스포크 라인의 경영 성과

주방의 인테리어를 고려한 비스포크 가전 제안

때문이다. LG의 오브제컬렉션이 아무리 경쟁력이 탁월해도 '고객의 인테리어 생활' 관점에서 제안된 비스포크를 보고 나면 아무래도 가치 자체가 작아 보인다.

에이스침대_ 침대 시장을 강타한 불멸의 카피, "침대는 가구가 아닙니다"

과거 필자가 오리콤을 다니던 시절, 당시 광고인들의 가슴을 뛰게 했던 불멸의 캠페인이 있었다. 바로 에이스침대의 '침대는 가구가 아닙니다' 캠페인이다.

요즘 세대라면 박보검이 등장하는 '침대는 가구가 아닙니다' 캠페인의 리바이벌 버전을 떠올릴지도 모르겠다. 이 광고는 왜 광고계를 들썩이게 만든 명작이었고, 오늘날 다시 리바이벌된 걸까?

"침대는 가구가 아닙니다", 이 광고는 카피 자체가 가장 명백한 라벤더 포인트다. 고객에게 전달하고 싶은 브랜드의 핵심 이야기가 명확한 아웃풋으로 표현된 사례다. 상식을 뒤집지만 타당하게 들리고, 매우 쉬운데 파괴력은 크다.

1996년 에이스침대 론칭 광고 캠페인

2024년 에이스침대 광고 캠페인

지금도 마찬가지지만 침대 시장은 과학과 예술이 변주되는 영역이었다. 어느 시점에는 슬리핑 사이언스라는 과학적 요소가 각광을 받고, 어느 시점에는 디자인적 요소가 중심으로 떠올랐다.

1998년 당시 시장은 조금 더 심각했는데, 성장 가도를 달리던 에이스침대가 소위 토털인테리어를 앞세운 가구 브랜드들이 선보인 침대에 마켓셰어(Market Share: 시장점유율)를 빼앗기는 위기에 봉착한 것이다.

어찌 보면 타당한 현상이기도 했다. 침대 성능이 아무리 중요하다 한들 옷장, 화장대, 콘솔 등 방 인테리어와 톤이 맞지 않는다면 선택하기가 쉽겠는가? 신혼부부라면 더욱더 그 경향이 강할 수밖에 없다. 가구 회사들의 마케팅이 더욱 거세지면서 에이스침대는 계속 마켓셰어를 내주게 된다.

이에 부심하던 에이스침대는 침대의 주요 속성 중 하나인 테크놀로지를 부각시키기로 하고 '침대는 가구가 아닙니다' 캠페인을 야심 차게 내놓아 시장의 인식을 바꿔버린다.

에이스침대와 광고회사 오리콤은 어떻게 이 같은 라벤더 포인트를 발견하게 됐을까?

바로 침대라는 제품 자체에 함몰되지 않고 고객의 선택 기준에 놓여 있는 모든 상황을 자세히 고찰했기 때문이다. 고객이 침대를 선택할 때는 다른 침대 브랜드뿐 아니라 가구업체가 제안하는 토털인테리어 패키지와 비교하게 된다는 사실을 버즈 아이 뷰를 통해 본 것이다.

씰리와 시몬스 등 기존 침대업체가 아닌 가구업계 전체를 경쟁 대상으로 보는 버즈 아이 뷰 시각. 그것이 라벤더 포인트를 발견하게 한 발상이다.

이 관점의 강력함은 지금도 여전해서 1996년 캠페인이 2024년에 다시 소환됐다.

라벤더 포인트 발상 법칙

● 자기 브랜드를 사랑하는 것은 죄가 아니다.

● 자기 브랜드만 쳐다보는 것은 죄다.

● 고개를 들어 세상 속에 있는 우리 브랜드를 보라. 그래야 고객과 호흡하는 살아 있는 브랜드 밸류를 찾을 수 있다.

라벤더 포인트 발상법 ②
사안의 본질, 뾰족점을 파악하라

> **발목 잡는 요소** 당연하게 생각되는 정답, 가장 중요한 질문을 하지 않는 것, 중요한 질문에 대한 자기방어

세상에는 많은 발상이 있다. 그중에 어떤 것은 "아, 그 정도는 나도 생각할 수 있어, 좀 평범한걸?" 이런 평가를 받고, 몇몇 발상은 절로 무릎을 탁 치게 만드는 임팩트를 느끼게 한다.

그 차이는 어디서 발생하는 걸까? 우리가 접하는 문제는 범위가 넓고, 문제의 부분부분마다 각기 다른 해결점이 있는 것처럼 보이기도 한다. 예를 들어 '발이 아픈' 증상이 생겼다면 신발을 바꾸거나 두꺼운 양말을 신는 등 대중적인 케어법을 택할 수도 있다. 하지만 발이 왜 아픈지 근본 원인을 찾다 보면 전혀 다른 솔루션이 필요할 수도 있다. 증상은 발로 나타났지만 사실은 무릎 문제로 하중이 발에만 가서 그럴 수도 있고 발이 아니라 전체 순환의 문제일 수도 있다. 근본 원인을 알면 전혀 다른 해결 방법이 나올 수 있는 것이다.

이렇듯 문제를 해결하려면 문제를 일으킨 본질에 다가가야 한다. 본질에 집중하는 것이 라벤더 포인트를 찾도록 만들어준다. 그렇다면 본질에 다가가는 방법은 무엇일까?

방법은 하나다. 문제를 더 더 더 깊이 생각해보아야 한다. 여기서 주의할 점은 문제의 심층으로 들어갈수록 그 문제에 대한 해답이 세상의 룰과 같

아지는 뻔한 지점을 만날 수 있다는 사실이다. 문제의 본질을 파고들었지만 평이한 답을 만나 다소 허탈했던 적이 있지 않던가?

아래 솔라카우와 구글의 사례를 통해 어디까지 문제를 파고들 건지, 파고드는 방법은 무엇인지 같이 생각해보자.

탄자니아 아이들의 등하교 문제 해결, 솔라카우

개발도상국이 가진 가장 큰 문제 중 하나가 아동노동이다. 각국의 원조로 학교를 지어놓고도 아이들을 학교에 보내는 대신 한 푼이라도 벌 수 있는 작업장에 보내는 부모들이 많기 때문이다. 빈곤의 악순환을 끊어내기 위해서는 반드시 교육을 시켜야 한다는 것을 뻔히 알면서도 당장 끼니를 걱정하는 부모를 설득하기가 쉽지는 않다.

이런 상황에서 그 해결책을 깊이 고민한 뒤 부모와 자녀 양쪽을 만족시킬 만한 대안을 제시해 상호 원원한 프로젝트가 있다. 아프리카 탄자니아의 솔라카우(Sola-Cow) 프로젝트다.

솔라카우는 탄자니아 아이들을 위해 학교에 설치한 태양광 배터리 충전 시설이다. 소(Cow) 모양의 대량 충전기여서 솔라카우로 불렸다. 당시 탄자니아 외곽 지역 마을에는 전력망이 없어 등유로 조명을 켰고 핸드폰 충전을 하기 위해서 도시의 충전소까지 4~6시간을 걸어가야 했다.

프로젝트 담당자들은 부모를 설득할 방법을 찾기 위해 부모들이 왜 학교에 보내려 하지 않는지 근본을 파고들었다. 문제의 본질은 '교육의 중요성을 모르는 부모의 몰이해'가 아니라 '생활비를 벌기 위해 아이들이 써야 할 시간'이었다.

프로젝트 팀은 결국 아프리카 공동체가 가장 필요로 하는 '전력 공급' 문제를 학교 등교와 연결해냈고, 학교에 소 모양의 충전기를 공급한다는 솔루션을 찾게 됐다. 아이들은 공부하는 시간 동안 배터리를 충전해서, 즉 생활비를 벌어서 집으로 돌아갈 수 있게 됐다.

결과는 대성공이었다. 아이들이 소에게 풀을 먹이거나 공사 현장에서 폐휴지를 수거하거나 등유를 사오는 대신 학교에 가 집에서 쓸 배터리를 가득 충전해오는 것이 부모에게 경제적으로 이득이었다. 배터리를 충전하면서 학습할 시간까지 얻었으니, 말 그대로 양수겸장이 된 묘안이었다.

솔라카우는 미국 시사주간지 《타임》 선정 '2019년 100대 최고 발명품'에 이름을 올렸다.

이 챕터의 서두에 탁월한 발상법에 대해 말하면서 "어떻게 저런 생각을 할 수 있지?", "내가 이 프로젝트의 담당자라면 저기까지 생각할 수 있었을까?"라고 자문자답을 한 적이 있다고 했는데 바로 이 솔라카우 케이스 때문이었다.

이 프로젝트에서 필자는 끝까지 파고들 때 나오는 발상의 힘을 느꼈다. 부모의 눈높이에서 문제를 바라보고 학교에 보내야 할 이유를 만들었을 뿐 아니라 이후에도 등교가 지속 가능하도록 만든 점이 감탄스러웠다. 더불어 아이와 학부모가 누군가에게 원조받는다는 부끄러운 마음을 갖지 않고 학교에 가는 행위만으로 가족생활에 도움을 줄 수 있다는 명분을 만들어준 점이 통쾌했다.

만약 이 문제를 마을의 전력 공급이라는 하드한 문제로 확대해 발전소를 세우거나 가정마다 발전기를 다는 방식으로 풀고자 했다면 투자 규모가 커지고 시간도 많이 걸려 불가능했을지도 모른다. 아이들을 학교에 가게 하면서 충전 문제를 풀고자 한 역발상이 이 프로젝트의 라벤더 포인트였다. 사안에 대한 깊은 숙고는 라벤더 포인트를 발상하게 한다.

사망자를 0으로 만들겠다는 야심, 구글 자동차 찍찍이

하나의 사례를 더 보자. 본질에 집중한다는 것은, 남이 해놓은 기초 생각을 원점부터 고민하는 것을 의미한다.

아래에 서술할 이야기는 필자가 가장 좋아하는 케이스로, 우리가 생각보다 더 많이 기존 관념과 타성에 젖어 있어 스스로 경계해야 함을 알려주는 데 적합한 사례이다.

바로 구글 자동차 찍찍이 프로젝트다. 구글은 자율주행차 사업을 시작하면서 "지구상의 어떤 사람도 교통사고로 죽지 않게 하겠다"는 비전을 설정했다고 한다. 자동차가 인간을 해치는 일이 없도록 하겠다니? 이런 담대한 비전도 매우 멋지지만 그 비전을 이뤄가는 과정 과정의 발상도 매우 기발하다.

자동차 사고에 대해 기존에 갖고 있던 우리의 생각은 무엇인가? 보통은 '자동차 사고로 연간 수백만 명이 다치고 죽으니 이를 줄이려면 어떻게 해야 할까?'라는 문제의식을 갖고 있을 것이다. 이 생각은 '갑자기 튀어나오는 물체가 주요 원인이니 전방 주시를 강화해야겠다', '부득이한 경우를 대비해서 급브레이크 성능을 강화해야겠다'와 같은 방향으로 흘러간다.

그럼에도 우리의 기존 생각은 '자동차와 충돌하면 사람은 왜 다치거나 죽게 되지?'라는 본질에 가까운 질문을 던지지는 않는다. 이 질문을 던지면, 즉 이미 '세팅이 끝났다'고 보여지는 지점의 문제를 들추면 전혀 다른 솔루션이 나올 수 있다.

자, 구글 자동차 찍찍이 프로젝트 담당자들의 사고를 따라가 보자.

자동차와 부딪치면 사람은 왜 다칠까? 이걸 궁금해했다는 게 신의 한 수 아닌가? 구글 담당자들은 부딪친 자체로만 다치는 게 아니라 부딪친 충격으로 멀리 날아가서 딱딱한 바닥에 떨어지기 때문에 죽거나 다친다는 사실에 주목한다.

'부딪치는 경우를 아예 없앨 수 없다면 바닥에 떨어지는 것을 막으면 되는 거 아닌가?'

여기까지 생각이 미치자 이런 솔루션이 나오게 됐다. '자동차와 부딪치는 지점에 강력 찍찍이를 부착해 충돌하는 사람을 차체에 아예 붙여버리자!'

이는 차량 앞부분에 접착제를 바르고 그 위에 얇은 코팅을 한 후 차량에 보행자가 충돌하면 그 얇은 막이 벗겨지면서 보행자를 차량 보닛에 붙이는 기능으로 구체화될 수 있다. 이렇게 되면 충돌 후 낙하로 인한 사망이나 이중 삼중 충돌을 방지할 수 있게 된다.

- 사람과 자동차가 부딪치면 다친다 → 그러니 부딪치지 않게 하자
  절대 진리로 인정 → 앞의 인정을 바탕으로 솔루션 연구

- 사람과 자동차가 부딪치면 다친다 → 부딪치면 어떻게 다치지?
  사실로 인정하나 → 근본 원인을 궁금해함

구글 자동차 찍찍이 프로젝트는 원대한 꿈으로 그치지 않고 '인간 끈끈이' 특허를 냈다. 볼보자동차에서도 이런 기능을 탑재한 시제품이 나올 정도로 이 발상은 현실화됐다. 이런 발상이야말로 문제의 근원을 염두엔 둔 라벤더 포인트가 아니겠는가?

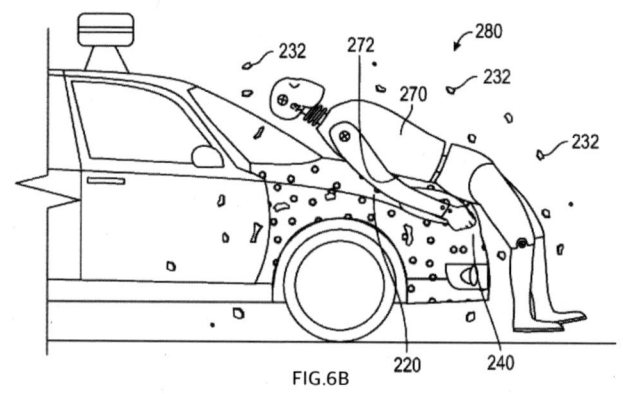

구글 자동차 찍찍이 이미지 (출처_미 특허청 홈페이지)

남들이 이미 세팅해놓은 문제 해결의 흐름에 곧이곧대로 순응하지 말고 본질을 파헤쳐라. 거기 라벤더 포인트가 있을 것이다.

라벤더 포인트 발상 법칙

- 당연하다고 생각해온 것부터 출발해야 정말 다른 발상이 가능해진다.
- 사고를 바꾸려면 사고의 흐름, 그 마디마디를 떼어 챌린지해보자.

라벤더 포인트 발상법 ③
기존 루틴을 해체하고 하나씩 쪼개서 보라

> 발목 잡는 요소 루틴에 복종하기, 한꺼번에 다 해결하려는 조급증

루틴을 뒤집고 순서를 바꾸다, 퓨어썸 샤워기

마케터나 CEO가 광고 캠페인을 설계할 때 모두에게 뿌리박힌 일의 흐름이 있다. '기획 → 제작 → 미디어 등 운영 → 피드백'이라는 순서를 생각하다 보면 결국은 '무엇을 말할까(What to Say)', '어떻게 말할까(How to Say)'라는 콘텐츠 중심의 사고로 귀결된다.

그러나 탁월한 발상을 위해서라면 이 모든 순서와 과정을 '뒤집어볼(Reverse)' 필요가 있다.

블랭크TV가 전개한 퓨어썸 샤워기 헤드 캠페인을 예로 들어보자. 이 상품은 샤워기 헤드에 필터를 삽입한 획기적 아이디어로 연 매출 1500억 원을 달성한 히트작이다. 참고로 블랭크TV는 2018년 블랭크코퍼레이션으로 사명을 바꿨고, '퓨어썸', '마약베개', '바디럽', '블랙몬스터' 등의 브랜드를 론칭한 미디어 커머스 회사다.

필자가 보기에 이 제품이 시장에 잊지 못할 업적을 남기게 된 이유는 제품 자체의 경쟁력뿐 아니라 바로 2017년에 시도한 페이스북, 인스타그램 중심의 캠페인 때문이었다. 지금은 다른 매체를 생략하고 페이스북과 인스타그램만 공략하는 등의 SNS 중점 마케팅이 흔하지만 당시에는 이런 시

도 자체가 매우 도전적이었다.

조금 더 들어가보자. 블랭크TV의 퓨어썸 캠페인은 '무엇을 말할까(What to Say)'를 먼저 정한 뒤 미디어를 선정하는 기존의 순서를 따르지 않았다. 판매 형태가 D2C로 정해지자 그에 맞는 미디어를 먼저 선정했고, 그 미디어에 맞는 메시지 구조와 고객의 수용 메커니즘을 만들었다.

흔히 하는 캠페인 운영 방식과는 완전히 다른 사고 흐름을 가져가본 것이다.

즉 '미디어 선정 → 미디어에 적합한 메시지 구조 설계 → 노출 고객의 랜딩률 제고 → 구매 전환율 제고'의 흐름으로 변용했다.

미디어를 페이스북과 인스타그램으로 한정해 설정하면 제작의 큰 틀이 변한다. 5초 이내에 고객의 시선을 사로잡아야 한다는 원칙하에 제작물을 기획하고 튜닝하기 때문이다.

퓨어썸 제작물도 마찬가지다. 제작물 앞단에 임팩트 요소를 몰아넣기 위해 샤워기 사용 전후 사진과 강력한 테스티모니얼(Testimonial 인물이

퓨어썸 샤워기의 SNS 콘텐츠, 리뷰를 통한 구매 자극 시도

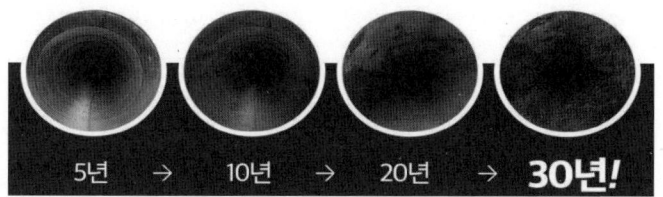

SNS 콘텐츠 구성 중 아파트 배관의 연도별 불순물 침착을 보여주면서 구매 욕구 자극

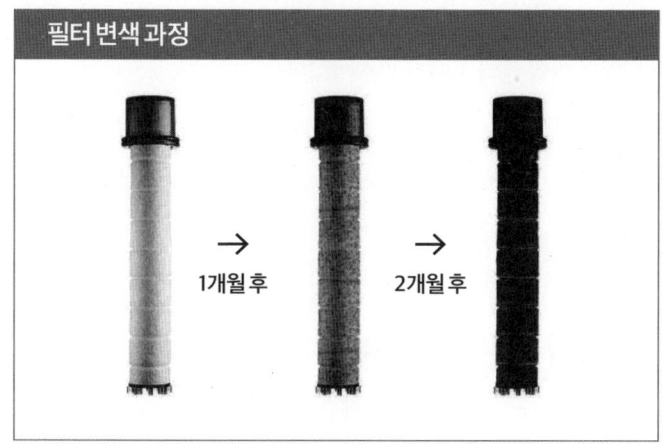

SNS 콘텐츠 구성에 실제 사용 후 필터의 변화를 직접적으로 보여줌

나와 상품을 증언하는 광고 방식)을 전면 배치했다. 지금은 누구나 이런 제작 공식을 채택하지만 당시로서는 매우 파격적인 접근이었다.

또한 소구점이 다른 여러 개의 콘텐츠를 멀티로 제작한 뒤 SNS 미디어의 효율 측정 기능을 활용해 클릭률, 랜딩률, 구매 전환율을 측정할 수 있기 때문에 효율이 배가됐다. 이 결과 광고비 대비 매출 상승 390%, 구매 페이지 방문자수 30% 증가라는 괄목한 만한 성과를 거두었다.

더 나아가 SNS 미디어라는 특성을 활용해 광고 노출 고객이 영상을 포워드할 수 있도록 프로모션을 걸었고, 구매자가 많아지면서 댓글 활성화도 이뤄져 결국 2차, 3차로 폭발력이 강해지는 강력한 마케팅 콘텐츠가 됐다.

이 모든 것이 상수라고 여겨졌던 기존의 마케팅 아웃풋 과정을 해체하고 과정 과정을 독립 변수화한 후 현재 시점에 가장 강력한 트리거가 될 만한 지점이 어디인지 심사숙고해 얻은 결과다. 이것이 현업에서 가장 잘 활용해볼 수 있는 라벤더 포인트 발상법이다.

위의 성공 방정식을 내재화한 퓨어썸은 오늘의집, 29CM 등 버티컬 플랫폼과 유튜브, 인스타그램, 틱톡의 SNS를 십분 활용하며 고객과의 접점을 만들고 볼륨을 키워나가고 있다.

쪼개보고 주방과 화장실에 집중한, 아파트멘터리

오늘날은 의식주 중에서도 주거에 관심을 많이 쏟는 시대인 듯하다. 인테리어에 자신의 정체성과 가치관을 담는 사람이 많아졌다. 이런 흐름에서 가장 영리하게 시장을 개척한 사례가 있어 소개한다. 바로 아파트멘터리(Apartmentary)의 모듈형 인테리어 제안 비즈니스다.

인테리어는 비싼 서비스다. 그중 일부는 아트의 영역이어서 견적이 천차만별이고 고객 입장에서 어느 수준으로 해야 하는지 감도 잡기 어려운 시장이다.

아파트멘터리가 론칭한 시점은 인테리어 붐이 일던 시기여서 오늘의집이나 집꾸미기 등의 앱이 론칭하고 유명한 건축사무소까지 시장 선점을 위해 인테리어 시장에 뛰어들었다.

이 같은 치열한 경쟁 상황 속에서 아파트멘터리는 인테리어 관련 의사결정권자인 주부의 입장이 되어 한정된 예산과 고객의 취향이라는 두 지점을 만족시킬 수 있는 적절한 함수를 찾아내는 데 성공했다.

아파트멘터리의 발상은 이러하다.

우리나라 주거 형태의 대부분은 아파트 중 국민 평수인 33평(약 109㎡)이고 대개의 주부가 인테리어 니즈를 가장 강력하게 느끼는 공간이 화장실과 주방이다. 하지만 예산이 만만치 않다. 그렇다면 화장실과 주방만 바꾸는 것을 제안하자. 이때 개별화된 디자인을 제공하는 게 아니라 33평에 적합한 몇 개의 모듈을 만들고 이를 표준화해 제안하면 예산을 낮출 수 있지 않을까?

고객 조사를 통해 (당시에) 주부들의 선호가 높은 우드 톤, 북유럽 톤, 모던 톤 등으로 표준화를 시도하고 기성품이지만 고감도 디자인을 채택해 만족도를 제고한다면?

이런 발상으로 2016년에 시작된 아파트멘터리의 2023년 매출은 370억 원으로 1000억 원대 매출을 향해가고 있다. 2022년에는 시리즈 C 투자를 받아 가능성을 인정받기도 했다.

취향과 예산이 각기 다른 주부들을 1:1로 상대해야 하는 아파트 인테리어 시장에서 표준화 및 기성화를 통해 기회를 발견한 아파트멘터리는 어떤 방식으로 발상을 했을까? 그것은 바로 쪼개보기다.

아파트 전체 인테리어라는 덩어리를 쪼개서 고객의 니즈가 모이는 지점인 '주방과 화장실'에 집중했다. 이렇게 쪼개서 바라보니 기존 시장이 내놓지 못한 '표준화, 기성화'라는 답을 찾을 수 있었던 것. 특히 고가 상품을

아파트멘터리 서비스 소개

제안하는 기업의 경우 쪼개보기 발상은 라벤더 포인트를 추출하는 데 유용한 방법이 된다.

라벤더 포인트 발상 법칙

● 순접의 강박에서 벗어나 역접의 시선을 가져라.

● 흐름으로 이어지는 묶음을 낱낱이 풀어 살펴보라. 순서도 중요도도 다 중요하다는 것은 다 중요하지 않다는 것의 동의어다. 강한 부분을 살펴라.

라벤더 포인트 발상법 4
포기는 힘이 세다

발목 잡는 요소 다 갖고 싶은 욕심, 고만고만한 힘의 배분

한 시대를 사로잡은 유명한 광고기획자 이야기다. 어느 경쟁 PT 현장에서 여러 가지 소구점을 한 광고에 넣어달라고 요구하는 광고주를 향해 마침 준비해온 야구공 2개를 던지며 이렇게 말했다고 한다.

"이사님, 지금 제가 던진 2개의 공을 한 번에 받지는 못하시죠? 광고 소비자들이 여러 개의 메시지를 단번에 잘 받을 수 있다고 생각하십니까?"

이는 '단 하나의 메시지(One Single Message)'의 중요성을 말하는 에피소드다. 여러 가지로 말하고 싶은 강점이 많은데 한 가지만을 뽑아내기 위해서는 나머지를 포기하는 결단이 필요하다. 이렇게 할 때 시장과 제품이 만나는 교차점이 보이게 된다.

포기하고 본질만을 남겨 성공한 영화, 〈듄〉

포기하고 집중하면 어떤 결과가 나올까? 최근 필자의 눈을 사로잡은 좋은 사례가 있어 함께 이야기하고자 한다. 바로 영화 〈듄〉의 사례다.

프랭크 허버트가 쓴 SF 〈듄〉은 1965년에 출간됐다. 〈스타워즈〉, 〈블레이드 러너〉, 〈공각기동대〉 등의 SF영화에 영감을 준 작품으로 스페이스오페라(Space Opera: 우주를 무대로 한 모험을 다룬 공상과학소설 또

1965년 책으로 출간된 《Dune》 표지

는 그런 영화) 장르의 원조다. 총 6권으로 구성된 원작 소설 〈듄〉은 지구 멸망 후 우주 전역으로 이주한 인류가 만들어낸 우주 제국의 역사를 묘사한 작품이다. 각 행성 간의 권력구조, 지배 역학, 신흥종교 그리고 생태계까지 생생하게 만들어냈는데, 세계관의 양과 깊이가 실로 방대한 작품으로 유명하다.

이 소설을 보면서 자라난 제작자와 감독들은 지속적으로 〈듄〉의 영화화를 꿈꾼다. 하지만 그 과정은 순탄치 않았고 많은 좌절과 시행착오를 남기고 끝났다.

첫 영화화에 도전한 사람은 〈혹성탈출〉 프로듀서인 아서 P. 제이콥스였으나 무산됐고, 이후 칠레 출신 영화감독 알레한드로 호도로스키가 제작에 착수했으나 우주선과 우주 생태계 제작에 필요한 자금 확보에 실패해 다시 무산된다. 세 번째는 디노 데 라우렌티스라는 제작자가 시도했다. 처음에는 리들리 스콧 감독에게 메가폰을 맡겼으나 방대한 서사에 대한 해석과 제작비 문제로 불발됐고, 다시 데이비드 린치 감독에게 맡겨진다. 데이비드 린치 감독은 〈스타워즈: 제다이의 귀환〉까지 거절하며 〈듄〉에 올인했지만 결과는 참담했다. 그는 "원작을 영화화하는 데 급급해 한 편의 영화에 너무 많은 아이디어를 담으려 했다"고 영화 실패 원인에 대해 고백하기도 했다.

그렇다면 드니 빌뇌브 감독은 어떻게 성공했을까?

거장 데이비드 린치 감독조차 감당하기 어려웠던 <듄>의 영화화를 성공적으로 이뤄낸 드니 빌뇌브 감독은 다른 감독들과 어떻게 차별화된 행보를 취했을까?

1984년 개봉한 데이비드 린치 감독의 영화 <듄>

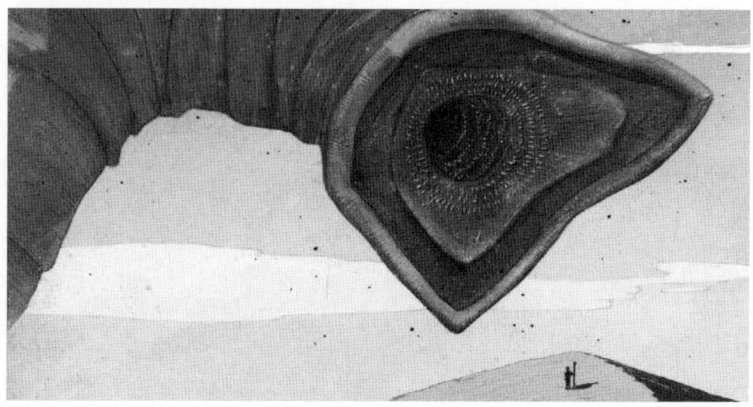

모래 벌레 그래픽 이미지 (출처: '게임어바웃' 블로그)

바로 상세한 내러티브 전개를 포기한 것이다.

앞서 말했듯 <듄>의 세계관은 한 편의 영화로 담기엔 너무 방대하다. 다른 영화처럼 스토리 위주로 시놉시스를 짜거나 세세히 설명하기 시작하면 한정된 시간 안에 <듄>의 매력을 전달하기란 거의 불가능하다. 드니 빌뇌브 감독 이전의 모두가 그 지점에서 실패했다.

드니 빌뇌브 감독은 기획 초기에 <듄>의 매력을 살릴 핵심 요소를 선정하고 나머지는 과감히 포기한다. 즉 영화의 핵심 요소라고 다들 생각하는 내러티브한 스토리 설명을 과감히 줄이고 주요한 상황 설정과 카피라인 같은 대사만 남긴다. 이렇게 해서 번 러닝타임 동안 드니 빌뇌브 감독은 <듄>의 세계관이 가지는 신비한 묘사과 이국적인 비주얼, 우주 제국을 직관적으로 이해할 수 있는 미장센에 시간을 할애했다. 이를 통해 주인공의 탁월한 심리묘사와 <듄> 연작 시리즈의 매력을 극대화하는 것이 가능했다.

감독은 한 인터뷰에서 "이 영화를 보러 오는 관객이 이미 스토리를 알고

영화 <듄> 2024 포스터

있다고 가정하고 영화를 만들었다"라면서 스토리를 포기한 점이 오히려 전달력이 강한 영화를 완성하게 한 것 같다고 말했다.

하지만 포기가 쉽지만은 않다. 포기를 위해서는 본질이 무엇인지 명확한 인식이 필요하기 때문이다.

버리는 행위 자체보다 무엇을 남기기 위해 버리는가에 대해 깊은 고민이 필요하다. '남기고 싶은 그 하나'를 위해 과감히 포기하는 것, 라벤더 포인트를 발견하는 방법이다.

라벤더 포인트 발상 법칙

● 포기하기 어려운 것을 포기해야 발상의 룸이 커진다.

● '이건 절대 포기 못 해'라는 생각 자체가 이미 굳어진 발상을 의미한다.

도망, 해체, 포기 그리고 뾰족한 집중! 라벤더 포인트를 발견할 수 있는 발상법에 대해 이야기해보았다. 결국 라벤더 포인트는 내 안의 새로움을 끄집어내기 위해 과거의 나, 진부한 나, 관성의 나로부터 무던히 탈출하는 과정이라고 생각한다. 익숙하고 안온하고 그저 그런 상태에서의 탈출은 곤혹스러우나 두근거리는 일이며, 당황스럽지만 기쁜 작업이다. 라벤더 포인트는 소수, 포기, 처음 그리고 열망의 함수다.

지금 책 앞에 있는 당신의 브랜드가 그 브랜드만의 라벤더 포인트를 찾아 시장에 거대한 들불을 일으키는 존재가 되길 바라본다.

라벤더 포인트 발상이 겁나는 이유, 그래도 꼭 해야 하는 이유

✓ 하나만 선택해서 집중하면 포기한 것이 커 보인다

안전하다는 이유로 예산을 흩뿌려서 쓰는 경우가 많다. '뿌려두면 하나는 걸리겠지' 하는 마음을 버리고 하나에만 집중할 때 라벤더 포인트가 다가온다.

✓ 낯선 시도는 멋지지만 겁이 난다

어디선가 봤던 것은 식상하지만 동시에 익숙하다. 낯선 무언가를 발견하면 매우 기쁘지만 동시에 겁이 난다. <피식쇼>를 생각해보라. <개그콘서트>를 버리고 유튜브로 성공적인 태세 전환을 했다.

✓ 관습을 역행하는 건 불안을 가져온다

관습에 어울리는 최적의 것은 이미 누군가 하고 있다. 이를 세상에 내놓아도 잘해야 2등이다. 내가 만든 새로운 아이디어가 미래의 관습이 되게 하라. 그 행보의 시작은 늘 불안하기 마련이다.

PLUS TIP

라벤더 포인트를 찾고 싶은
실무자에게 유용한
마케팅 템플릿 모음집

01 세상 모든 마케팅을 이 1장으로 정리할 수 있다
WHO-WHAT-HOW

겉으로 복잡해 보이고 매번 달라지는 마케팅, 심플하게 정리하는 방법은 없을까? 세상의 모든 마케팅 활동을 담을 수 있는 템플릿으로 WHO-WHAT-HOW가 있다. 결국 마케팅은 "누구를 위해, 무엇을 팔기 위해, 어떻게 할 것인가?"에 대한 답이기 때문. 이 템플릿의 핵심은 WHO와 WHAT이 HOW보다 앞에 있다는 것! 일단 WHO와 WHAT을 정리한 다음에 HOW로 연결해야 좋은 마케팅 전략을 짤 수 있음을 가이드하고 있다.

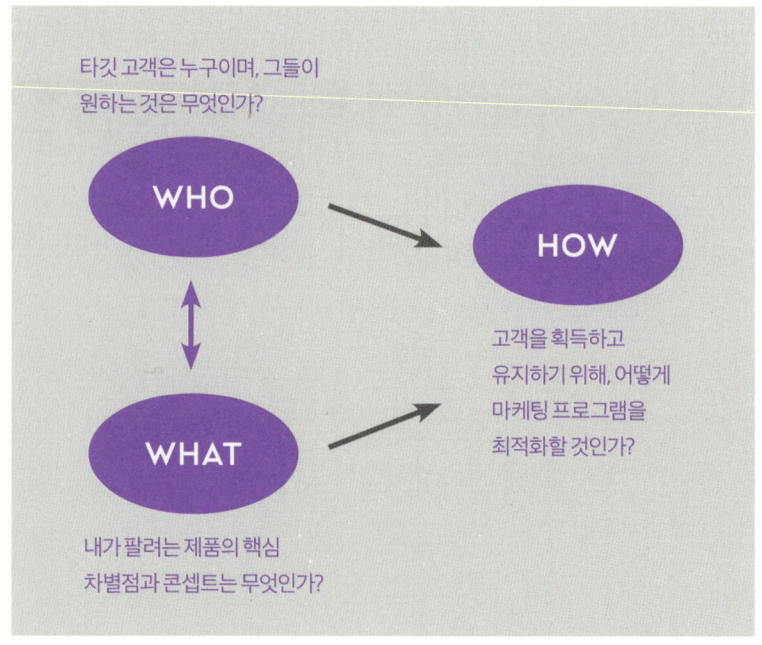

02 고객을 더 깊이 이해하고 싶다면 던져야 할 여섯 가지 체크리스트

고객을 깊이 이해하는 게 중요하다곤 하는데 어디까지 해야 하는 건지 막막할 때가 있다. 이럴 땐 아래 체크리스트를 활용해보자. 아래 여섯 가지 질문에 답을 해보려고 시도하다 보면 뭔가 막히거나 좀 더 고민해볼 만한 질문을 만나게 될 것이다. 그 부분을 좀 더 집중적으로 파보면 추가적인 기회를 찾을 수 있다.

고객 인사이트 체크리스트

- [ ] 고객이 삶에서 고민하는 포인트는 무엇인가? 이 포인트를 어떻게 해소하고 싶어 하는가?
- [ ] 기존 제품 구매 시에 받는 스트레스 포인트는 무엇인가? 어떻게 해소할 수 있을까? 기존 제품으로 해소가 안 될 때 대체해서 하는 행동은 무엇인가?
- [ ] 고객이 우리 제품을 구매하지 않는 가장 중요한 이유 세 가지는 무엇인가?
- [ ] 우리 제품이 고객의 삶 속에 어떻게 더 깊이 녹아들 수 있을까? 고객이 우리 제품을 만나는 장소와 시간을 어떻게 더 늘릴 수 있을까?
- [ ] 우리 제품을 통해 고객의 삶이 어떻게 더 나아질 수 있는가? 우리 제품을 만남으로써 고객의 삶에 어떤 의미 있는 '변화'를 만들 수 있을까?
- [ ] 우리 제품을 만나 고객이 느꼈으면 하는 반응 및 경험을 구체적으로 묘사하면 무엇일까?

03 론칭할 때 꼭 필요한 1장짜리 콘셉트보드

누구나 꿈꾸는 '대박 콘셉트'를 만드는 시작점은 콘셉트보드를 써보는 것이다. 콘셉트보드는 한 번에 잘 써지지 않기 때문에 여러 번 수정할 각오도 필요하다. 분량도 1장을 절대 넘어가면 안 된다. 고객의 언어로 핵심만 잘 압축하는 것이 포인트다. 만약 제품의 특장점이 여러 가지라 마케팅할 때 어떤 것을 우선적으로 밀어야 할지 판단이 잘 안 될 때는 각각의 특장점에 대해 별도의 콘셉트보드를 만들어 서로 비교해보면 된다.

제목	①
도입	②
가치 제안	③
기술적 근거	④
보충 설명(FAQ)	⑤

① **제목** 가장 핵심적인 내용을 한눈에 알 수 있게 압축해서 소개한다. 분량은 한 줄을 넘어가면 안 된다.

② **도입** "고객님, 이런 거 평소에 필요하다고 느끼셨죠?"와 같이 소비자의 니즈를 건드리며 왜 내가 팔 제품이 고객에게 꼭 필요한지 공감을 불러일으킨다.

③ **가치 제안** 도입에서 소개한 고객 니즈에 대해 "저희 제품이 확실한 솔루션입니다!"란 설명을 간결하지만 설득력 있게 한다. 제품의 차별점이 여러 개일 경우 다 열거하는 것이 아니라 가장 중요한 한두 가지만 선별해서 써야 한다.

④ **기술적 근거** 가치 제안에 대해 신뢰성을 줄 수 있는 근거를 서술한다. 통상적으로 R&D 부서나 전문가로부터 콘텐츠를 제공받아 작성하는데 이때 기술 용어를 그대로 쓰지 말고 '마케팅적 각색'을 하는 것이 더 효과적이다.

⑤ **보충 설명(FAQ)** 위의 네 가지 항목에서 다루지 못한 중요한 내용에 대해 보충 설명을 한다. 고객이 궁금해할 만한 중요한 사항들 중심으로 간단하게 작성한다. 제품 이미지, 규격, 가격 및 유통 정보, 고객 문의처 등을 포함할 수 있다.

04 콘셉트보드의 완성도를 점검하기 위한 체크리스트

콘셉트보드를 작성한 후 체크리스트를 놓고 완성도를 점검해보자. 지금까지 만든 콘셉트의 어디가 어떻게 부족한지 스스로 확인할 수 있다. 부족한 부분을 계속 보완해나가면 좋은 콘셉트를 완성할 수 있다.

전체적으로 완성도 있게 구성되어 있는가?

- [ ] 제목과 본문 내용이 일관성 있게 정리됐는가?
- [ ] 전체 내용이 논리적으로 유연하게 흐르는가?
- [ ] 콘셉트의 핵심 차별점이 잘 반영되어 있는가?
- [ ] 전체적으로 한눈에 읽히면서 무슨 말인지 직관적으로 이해되는가?
  (긴 문장, 복잡한 용어를 삼가야 한다)

고객이 정말 원하는 것인가?

- [ ] "이거 정말 내가 원하는 거다!", "이거 딱이네요!"와 같은 반응을 얻을 수 있을까?
- [ ] 구매로 연결될 정도의 의미 있는 동기부여가 될까?

충분히 독창적이고 차별화되어 있는가?

- [ ] 고객이 기존에 사용하던 경쟁사 제품 대비 충분히 차별화되는 독창성이 있는가?
- [ ] 단순히 '튄다, 색다르다'의 느낌이 아니라 소비자가 원하는 것이고 구매로 연결될 정도의 의미 있는 동기부여가 될 정도의 강력한 차별점인가?

포커스가 명확한가?

- [ ] 1개의 명확한 가치 제안이 있는가?
- [ ] 가치 제안이 너무 많을 경우 향후 커뮤니케이션 단계에서 포커스가 흐려질 수 있으니 최대 2개를 넘지 않는지 체크해야 한다.

브랜드 아이덴티티에 부합하는가?

- [ ] 중장기적 브랜드 전략 방향에 부합하는가?
  단, 이 부분은 고객이 판단할 수 있는 항목이 아니며 마케터가 스스로 원칙을 가지고 판단할 수 있어야 한다.

필요한 유관 부서와 협의했는가?

- [ ] 법적 이슈 및 기술 관련 사항에 대해 유관 부서 리뷰를 거쳤는가?
- [ ] 전체 사업 전략 방향과 맞는지 회사 임원진의 리뷰를 거쳤는가?

05 브랜드 건강도 체크리스트

브랜드는 덩치가 크기 때문에 한두 가지 지표만으로 건강도를 판단하기 어렵다. 그렇다고 매번 브랜드 건강을 체크하는 것은 소모적이다. 적어도 1년에 1, 2회 아래 체크리스트를 활용해서 우리 브랜드의 건강도가 어떤지 점검하고 마케팅의 어떤 영역이 특히 부족한지 확인하면 꾸준하게 발전하는 마케팅 조직 운영이 가능하다. 보직 이동이나 이직으로 새로운 브랜드를 담당할 경우에도 빠르게 브랜드 현황을 점검하는 데 유용하다.

1. 사업 전반적 리뷰

- ☐ 수익성을 확보/확대하면서 매출과 시장점유율이 증가하고 있는가?
- ☐ 신규 고객 창출/증가하면서 기존 고객 충성도가 증가하고 있는가?

2. WHO?

- ☐ 타깃 고객의 시장 사이즈는 충분한가?
- ☐ 나의 상품/서비스가 충분한 소비자 타깃을 확보하고 있는가?
- ☐ 나의 상품/서비스가 소비자 타깃에게 정말 의미 있고 필요한가?

3. WHAT?

☐ 현재 콘셉트는 충분히 파워풀한가?

☐ 해당 상품의 카테고리에 있어 소비자가 중요하게 생각하는 기본적인 사항에서 우리 브랜드가 부족한 점은 없는가?(POP, Point of Parity: 식품의 경우 '맛', 화장품의 경우 '효과', 전자제품의 경우 '성능'과 같이 반드시 기본 수준 이상으로 고객을 만족시켜야 고객이 떠나지 않는 '기본적인 사항'을 말한다)

☐ 경쟁사들과 비교했을 때 우리 브랜드가 확실한 차별적 우위(Superiority & Differentiation)를 우리가 원하는 사항에 대해 갖고 있는가?

4. HOW?

4-1. MOT(Moment of Truth: 소비자의 제품 구매에 결정적인 역할을 하는 접점)

☐ 판매 최접점인 매장(보통 리테일 스토어나 이커머스를 지칭)에서 돋보이는가?

☐ 유통 채널별 가장 중요한 매출 성장 요소는 무엇인가? (예를 들어 대형 할인점 등은 전단지와 '엔드(End) 매대'가 중요하고, 이커머스의 경우엔 라방, 쇼핑몰 기획전 노출, 검색 키워드 광고 등이 매출에 크게 영향을 주는 요소임을 명확하게 알고 있어야 한다)

☐ 유통 채널별 주요 고객사들의 전략 및 우리와의 파트너십에 대한 기대 사항은 잘 충족되고 있는가?

☐ 판매 접점에서의 우리 활동은 고객의 'Shopper로서의 니즈'를 잘 충족시키고 있는가? (가령 우리 제품이 잘 보이고 필요한 것을 잘 찾을 수 있는지, 경쟁사 대비 프로모션 및 가격은 적절한지 등)

4-2. 제품력에 대한 평가

☐ 제품력/가격/라인업이 시장의 니즈 대비 충분한가?

4-3. 마케팅 콘텐츠에 대한 평가

☐ 마케팅 콘텐츠가 커뮤니케이션 전략에 비추어 효과적으로 진행되고 있는가?
(접점 특징별로 내용적 측면과 형태적 측면에서)

☐ 마케팅 콘텐츠가 브랜드파워를 강화하는 데 도움이 되는가?

☐ 목표로 한 기능적/감성적 소구점을 효과적으로 전달하고 있는가?

☐ 다양한 접점에서 브랜드 일관성이 기저에 깔려 있는가?

4-4. 광고의 효과/효율성에 대한 평가

☐ 광고 수용성(Receptivity)이 우수한 매체는 어디인가?

☐ 광고의 비용 대비 효과성(ROI)은 적절한가?

☐ 다양한 매체/접점이 서로 유기적으로 시너지를 내고 있는가? 부족한 부분은?

☐ 인스토어(In Store) 매대/이커머스 브랜드 페이지를 매체 채널로 충분히 잘 활용했는가? 부족한 부분은 어떤 점인가?

4-5. 고객충성도 관리에 대한 평가

☐ 고객만족도(NPS) 지표의 트렌드는 어떠한가?

06 할 때일까, 아닐까?
리브랜딩 OX 체크리스트

로고까지 바꾸는 리브랜딩은 비용과 노력이 꽤 투자되기 때문에 명확한 이유가 있을 때만 신중하게 하는 것이 좋다. 당장 필요해 보이는 로고 개발 비용보다 이후 로고 교체를 위한 비용과 노력이 훨씬 더 클 수 있기 때문이다. 특히 최근 몇몇 유명한 브랜드들이 큰돈을 들여 로고를 교체했지만 "브랜드 X는 괜히 멀쩡한 로고를 건드리고 돈만 날렸다"는 고객의 비난을 받기도 했다. 리브랜딩, 어떤 경우엔 하면 안 되는지, 반대로 어떤 경우엔 하는 것이 좋을지 체크리스트로 한눈에 정리해보자.

리브랜딩 이럴 땐 ✘

✘ 새로운 경영진이 출범하면서 '새로운 시작'을 강조하고자 할 경우
새로운 리더가 자의식이 강하고 과거 성공 경험에 갇혀 상황을 객관적으로 보지 못할 경우 섣불리 리브랜딩을 결정할 가능성이 높으니 주의해야 한다.

✘ 브랜드가 담당자 혹은 경영진 눈에 식상해 보여 새로운 변화가 필요하다고 느낄 경우 회사 내부에서 브랜드를 담당하는 사람들은 1년 365일 그 브랜드만을 바라보기 때문에 '식상하다'는 느낌을 고객보다 더 일찍, 더 강하게 가질 가능성이 높으니 주의해야 한다.

✘ 매출이 정체되어 확실한 돌파구가 필요하다고 생각될 경우
먼저 매출을 올릴 수 있는 다른 옵션들이 충분히 검토되어야 한다. 다른 옵션을 충분히 검토했지만 리브랜딩이 결국 답이란 결론에 도달하면 그때 리브랜딩을 해도 늦지 않다.

리브랜딩 이럴 땐 ○

○ 이미 브랜드 노후화가 심각하게 진행된 경우

역설적이게도, 인지도가 높고 매출이 안정적인 빅브랜드(Big Brand)일 경우 오히려 '관성' 때문에 리브랜딩의 적기를 놓치는 경우가 많다. 이미 브랜드 노후화가 상당 수준 진행되어도 높은 인지도와 안정된 유통망 등을 바탕으로 매출이 바로 꺾이지 않기 때문이다. 평소 브랜드 건강도를 잘 챙겨야 하는 이유다.

○ 과거에 죽었던 브랜드를 다시 살려낼 경우

과거 어느 시점 이후 시장에서 존재가 사라진 브랜드를 다시 되살릴 경우 리브랜딩이 필요하다. 이때는 브랜드 고유의 헤리티지(Heritage)를 되살리되, 현대적으로 재해석하는 작업이 필요하다. 최근 성공 사례로 소주 브랜드 '진로'가 있다.

○ 비즈니스모델 혁신, 신규 시장 진출과 같은 사업 전체에 걸친 큰 변화를 긍정적인 모멘텀으로 만들어야 하는 경우

최근 사업 영역을 확장하고 글로벌 진출을 염두에 둔 '토스(Toss)'가 리브랜딩한 경우가 여기에 해당한다. 이 경우 리브랜딩 자체가 단순 브랜드 론칭이 아닌 변화를 향한 조직 전체의 긍정 모멘텀을 만드는 기폭제가 될 수 있게 리더십의 적극적인 역할이 필요하다.

○ M&A 이후 PMI(Post-Merger Integration) 과정에서 빠른 조직 통합이 필요한 경우

PMI(Post-Merger Integration)란 기업이 인수합병된 이후 통합하는 과정을 말한다. M&A는 딜(Deal) 자체가 잘 성사되는 것도 중요하지만 이후 별도로 운영되던 2개의 조직이 하나로 잘 통합되고 공통의 비전을 향해 빠르게 나아가는 것이 중요한데, 이때 법적인 이유 등으로 브랜딩 요소까지 건드려야 하는 경우가 있다. 이렇게 조직 통합 이슈와 브랜드 교체 이슈가 동시에 맞물릴 경우, 앞서 본 크린텍이나 LG유플러스 사례처럼 리브랜딩을 변화의 긍정 에너지로 활용하면 시너지가 커질 수 있다.

노페이크마케팅의
라벤더 포인트 추출을 위한 워크숍 소개

라벤더 포인트를 찾기 위한 여러 어프로치 중 가장 강력한 힘을 발휘하는 것이 바로 '돌파구 워크숍'입니다. 하나 마나, 가나 마나 한 워크숍이 아닌 조직 내 각 부서의 시너지를 일으키고 고객향 사고를 일깨워 애매한 85점짜리가 아닌 시장을 흔들 만한 100점짜리 아이디어를 추출할 수 있도록 이끄는 워크숍입니다.

저희 노페이크마케팅은 주요 마케팅 현안의 문제를 진단, 돌파구를 모색하는 마케팅 이노베이션, 단순 로고 교체가 아닌 사업 성장의 모멘텀이 되도록 하는 리브랜딩, 구호가 아닌 조직의 변화 추진 동력을 확보할 수 있도록 하는 기업 비전 작업 그리고 회사의 사활을 걸고 출시하는 신상품에 대한 론칭 마케팅 전략 서비스를 제공하고 있습니다.

이 모든 작업의 가장 핵심적인 요소가 바로 '돌파구 워크숍'입니다. 마케팅 환경의 변화로 전사 통합 마케팅의 중요성이 대두되고 있으며 고객들과의 접점이 360도로 펼쳐지고 있는 요즘, 마케팅에서 구성원의 역할과 함께 모든 고객 접점에서 통일된 목소리의 필요성은 더욱 커지고 있습니다. 기존 컨설팅의 폐혜였던 밀실형 컨설팅이 아닌, 구성원들과의 공동 작업을 통해 아웃풋을 산출함으로써 컨설팅 이후에도 지속 가능한 경쟁력을 보유할 수 있도록 하는 솔루션입니다.

이를 위해 '돌파구 워크숍'은 기존 사고 체계를 헤집는 소용돌이 질문법, 버즈 아이 뷰를 가능케 하는 스프링보드 세션, 믹스앤매치 분임 토의 등의 방법론을 활용합니다.

노페이크마케팅의 서비스는 워크숍 단독으로도, 워크숍 이후의 전략 서비스까지 포함, 제공 가능합니다.

'돌파구 워크숍' 특징 세 가지

① 다른 질문이 다른 답을 발상하게 합니다. 문제를 보는 시각을 다양화하여 다른 각도의 질문을 던짐으로써, 솔루션의 깊이를 더합니다.

② 구성원의 기존 생각을 더 확장시키고 증폭시킵니다. 맨땅에서부터 시작하는 것이 아닌 이미 고민하고 있었던 각자의 아이디어 편린을 모아, 빅 아이디어로 만듭니다.

③ 동일 문제에 대한 타 부서의 시각을 이해하고 어프로치를 공유함으로써 기획 단계를 넘어 실행 단계의 효율성을 도모합니다.

론칭 마케팅 전략
 기획의 근간이 되는 콘셉트 수립, 정교화를 통한 완성도 제고
 Pre 론칭, 론칭, Post 론칭의 3단계에 걸친 통합된 론칭 액션 플랜 개발

리브랜딩
 사업 성장의 모멘텀이 되는 브랜딩 전략 수립
 론칭만 반짝 하고 끝나는 것이 아니라 Daily 업무와 조직 문화, 일하는 방법으로 내재화

기업 비전
 '사업 전략', '조직과 사람', '브랜드'의 세 가지 축을 동시에 고려해 통합된 'One Voice' 기획
 단순 슬로건이 아닌 구성원의 오너십을 이끌어내는 캠페인과 프로그램 제안

마케팅 이노베이션
 다양한 각도의 챌린지와 질문 기법을 통해 과감하고 혁신적인 아이디어 발상 자극
 가장 본질적이고 핵심이 되는 마케팅 문제에 집중, 되짚어봄으로써 근본적인 해결책 모색

상세 워크숍 프로세스 및 기타 문의는 info@nofakemarketing.com으로 해주시기 바랍니다.

라벤더 포인트
LAVENDER POINT

초판 1쇄 발행 2024년 10월 25일

지은이 권오정, 김현주
펴낸이 이숙은
펴낸곳 이씨책방

디자인 강윤미(표지), 박희옥(내지)
교열 염현정
인쇄 SP

등록 제 2022-000067호
주소 서울시 서초구 서초중앙로 24길33 102동 505호
ISBN 979-11-978671-2-5
블로그 blog.naver.com/sanjunlee
이메일 sanjunlee@naver.com

※ 책값은 뒤표지에 있습니다. 잘못된 책은 바꿔드립니다.
※ 이 책은 저작권법에 따라 보호를 받는 저작물이므로 무단 전재와 복제를 금하며,
   이 책의 전부 또는 일부를 이용하려면 저작권자와 출판사 이씨책방의 동의를 받아야 합니다.